ALÉM DA balança

Head Publisher: Bruno Valente

Revisão e Assistente Editorial: Daniela Sá

Diagramação: LivroEbook Diagramação e Design

Todos os casos apresentados ao longo do livro são baseados em histórias de pessoas reais. No entanto, foram alterados seus nomes e informações pessoais a fim de preservar suas identidades.

NOTA: O livro ***Além da Balança*** não substitui as consultas presenciais ou online a um médico ou nutricionista. Consulte seu médico antes de seguir as recomendações apresentadas neste livro para averiguar particularidades ou condições específicas em sua saúde, as quais podem variar de pessoa para pessoa.

ISBN: 978-65-83040-03-9

EDITORA SAVI

Site: www.editorasavi.com.br

e-mail: contato@editorasavi.com.br

DRA. **THAIS MUSSI**

ALÉM DA *balança*

DESCUBRA COMO PARAR DE COMER SUAS EMOÇÕES, BUSCAR O EQUILÍBRIO INTERNO **E ALCANÇAR O PESO IDEAL DE FORMA DEFINITIVA**

EDITORA SAVI

Dedicatória

À minha família,

(tudo é por vocês e para vocês)

Em especial, ao meu filho Matheus,

(que me ensinou o amor condicional e é o motivo pelo qual quero me manter bem para o resto da vida)

Aos meus queridos pacientes,

(com os quais sempre aprendo muito -

obrigada pela confiança)

E à "Thais adolescente",

- sim, nós vencemos!

Sumário

Introdução

Quando eu tinha cerca de 13 anos, minha mãe percebeu minha tendência a curvar os ombros. Então, fez questão de segurar um espelho, de tamanho razoável, bem na minha frente, enquanto eu almoçava, e disse: *Olha a sua postura, Thais!*

Esse foi o início da longa história que vou compartilhar com você! Ocorreu por volta de 1992 e, na época, a solução para meus ombros curvados foi um curso de "boas maneiras", o qual incluía aulas de postura. Parecia ser o ideal, correto?

Mas as coisas não seguiram tão lineares assim.

Além de ensinar a se portar, ter uma postura boa, o curso também tinha um módulo sobre automaquiagem e fotógrafo, utilizando como "trunfo" a vinda de um famoso fotógrafo de São Paulo, além de um caça-talentos, cujo intuito seria descobrir novas modelos.

Em uma das aulas, esse caçador de talentos, com seus olhos treinados e câmera em punho, viu algo em mim que eu nunca havia considerado: um potencial para as passarelas!

— Você daria muito certo como modelo — disse ele, complementando que eu tinha um rosto muito expressivo. PORÉM, havia uma condição. Eu precisava emagrecer pelo menos 8 kg em um mês, e foi quando tudo começou a piorar.

Minha mãe me levou a uma endocrinologista e, como tudo na vida tem um lado bom e outro não tão bom assim, tenho a certeza de que essa consulta foi a faísca para despertar minha paixão pela endocrinologia, uma vez que, até então, ser médica era algo que nem me passava pela cabeça, pois, como o caçador "previu", mais provavelmente eu iria seguir por outra área profissional. A partir daí, pela primeira vez na vida, entrei no perigoso no mundo das dietas restritivas, com todas as suas falsas promessas. E o ruim - péssimo, na verdade - foi que ali teve início um transtorno alimentar. O meu valor como pessoa passou a ser resumido em alcançar um número na balança.

Eu, que sempre adorei comer, fechei a boca e consegui perder 5 kg! Para mim, foi uma vitória, mas insuficiente aos olhos do caçador de talentos. Quando subi na balança, ele me dispensou rapidamente, como se estivesse analisando uma mercadoria avariada:

— Você não pode ser modelo, querida — concluiu ele, curto e reto. Fechando essa porta tão rapidamente quanto a havia aberto.

Vamos relembrar que estamos falando de uma menina de 13 anos, que, como a maioria das adolescentes, era imatura e insegura em relação à sua aparência e não possuía repertório nem ferramentas para lidar com questões complexas.

Os respingos disso ressoaram em mim por um tempo que durou mais do que eu gostaria e poderia imaginar. Automaticamente passei a vincular meu valor a um número na balança, ser amada a ser magra e ser pertencente se pesasse x kg.

Sempre fui uma pessoa que adorava comida e não no sentido de comer muito, então isso nunca havia sido uma questão para mim - até então. Eu apreciava comida, gostava de experimentar coisas novas, me divertia provando sabores inusitados, mas, após esse episódio, a comida virou uma inimiga para mim.

E passei a COMER MINHA EMOÇÕES, e hoje entendo que **emoção não assumida, vira comida ingerida**.

— Talvez uma vida de modelo tenha privações demais para alguém que ama saborear a vida — pensei (ainda não com essas palavras, é claro).

Assim decidi que não seria modelo, e sim médica — mas os desafios com o meu corpo e comigo mesma não pararam por aí.

Desde sempre, fui uma estudante dedicada e esforçada. Não me considerava naturalmente brilhante, mas a dedicação me levava a ter boas notas, sempre entre os primeiros lugares. Até que a maior prova da minha vida até então, o vestibular para medicina, trouxe o primeiro baque: não passei.

Óbvio que a comida virou um consolo, uma amiga, para lidar com essa frustração, pois não havia julgamentos. Ela era uma companheira silenciosa, só que abafar esse sentimento trouxe as suas consequências.

Decidida a conseguir um resultado diferente no ano seguinte, mudei-me para a casa da minha avó, em Curitiba, onde poderia estudar com ainda mais dedicação. No entanto, o que esperava ser um ano de superação rapidamente se tornou um período de intenso desgaste emocional, resultando em 20kg a mais na balança.

Morando com minha avó, cada emoção — tristeza, frustração, desapontamento — era acompanhada por comida. Ao mesmo tempo, enfrentava outros desafios pessoais, com gente próxima que sempre fazia questão de me apontar meu excesso de peso. Claro, longe de motivar qualquer mudança positiva, aquelas palavras só intensificavam meu sofrimento e me levavam a um grave transtorno alimentar.

Era um duelo interno entre o desejo de comer e o medo de ganhar peso. Acreditava que apenas sendo magra eu seria merecedora de verdadeiro amor e aceitação. Então, passei a tentar desesperadamente "compensar" o que considerava serem excessos com medidas extremas: horas exaustivas de exercício, restrições alimentares, chás milagrosos... Táticas que eu acreditava serem soluções, mas que apenas agravavam meu sofrimento.

Foi um período de profundo desespero, em que a busca por equilíbrio parecia uma batalha perdida, um ciclo de dor e autocastigo que parecia não ter fim, até que a aprovação no vestibular trouxe o início de uma nova fase. Sem a pressão nas costas, as coisas passaram a entrar no eixo.

Fui para Santa Catarina, longe do ambiente e das pessoas tóxicas que até então me cercavam. Minha nova vida na universidade foi acompanhada por uma transformação radical não só de cenário externo, mas também no meu interior.

Passei a morar com a Dani, uma amiga que personificava a ideia de equilíbrio! Íamos ao mercado para comprar e preparar lanches naturais, em casa cortávamos frutas para a semana e na praia fazíamos as nossas caminhadas matinais. Essa rotina foi o contraponto perfeito ao estresse e às dificuldades do passado.

Logo no primeiro ano, consegui perder os 22 kg que havia ganhado! Esse sucesso não veio de restrições severas, mas de encontrar um equilíbrio saudável que me permitia desfrutar de uma pizza no fim de semana, sem culpa e com moderação.

Nesse momento, a paixão pela endocrinologia, que já me acompanhava, ganhou um significado completamente novo. A convivência com Dani me mostrou o poder do equilíbrio, da compaixão por si mesmo e da transformação positiva através da mudança de hábitos. Foi ali, nesse contexto de apoio, natureza e autodescoberta, que encontrei minha verdadeira vocação e o caminho para ajudar os outros a encontrar o seu próprio.

Eu encontrei o meu ritmo. Em períodos de tensão, como as provas de residência, a balança oscilava, um quilo aqui, outro ali, mas as mudanças bruscas de outrora haviam acabado. Aprendi a aceitar e entender as flutuações do meu peso sem deixar que me arrastassem.

Concluindo, fui buscar ajuda de verdade e cuidar de mim. Assim, da mesma forma como o ponteiro havia subido, — por meio de autocompaixão (diferente de autoindulgência), mudança de hábitos e, principalmente, paciência e constância — ele baixou. Fiz as pazes comigo, com a comida e com a balança. Entendendo que um número não me define, e que mudanças acontecem, preciso sempre me "escutar" e pedir ajuda quando necessário. Nada disso é sinal de fraqueza, bem pelo contrário.

Ao longo da vida, sempre que iniciava restrições alimentares severas, o custo era alto — não apenas financeiro, mas em especial emocional e energético, o que me culminava em uma profunda sensação de estagnação e frustração. No entanto, tudo começou a mudar quando encontrei o equilíbrio. Aprendi que posso comer um pouco de tudo, com moderação, adotando o lema "tudo posso, mas nem tudo me convém".

Após iniciar um processo terapêutico, comecei a compreender e gerenciar minhas emoções de maneira mais saudável, evitando que frustrações se convertessem em compulsões, como devorar um bolo de chocolate para suprir carências emocionais. Eu posso, sim, comer um bolo, mas não utilizá-lo como válvula de escape. Esse equilíbrio se tornou um pilar na minha vida e algo que passei a compartilhar todos os dias em meu consultório.

Não é necessário abrir mão do prazer de comer para manter um estilo de vida saudável. Sempre fui contra a repreensão, prefiro um diálogo construtivo para entender os desafios enfrentados e buscar soluções juntos.

Outro momento decisivo na minha vida foi quando decidi compartilhar publicamente uma comparação de fotos minhas, uma de quase um ano antes e a outra mais recente. A diferença era de 20 kg! Até aquele ponto, uma parte de mim temia ser vista como uma fraude por meus pacientes e seguidores. Tinha medo perder a minha credibilidade, mas essa mesma vulnerabilidade acabou se tornando uma fonte de força.

Eu vivia a famosa síndrome do impostor, questionando se apenas aquela versão atual de mim, mais magra e esbelta, seria digna de respeito e autoridade. Mas, ao aceitar minha transformação até ali, percebi que minha voz poderia ressoar ainda mais forte junto àqueles que lutavam para atingir um corpo saudável. Minha experiência não era uma desqualificação, mas uma prova da minha competência e empatia!

A perfeição não é um pré-requisito para fazer a diferença na vida das pessoas. Ao compartilhar minha história, fortaleci minha conexão com aqueles que buscavam minha ajuda, me tornei mais confortável e confiante no meu papel e alavanquei minha carreira, lotando a minha agenda e recebendo convites para escrever artigos e participar de programas de televisão.

Eu estou no mesmo barco da pessoa que busco ajudar em meu consultório e que, agora, está lendo este livro. Eu entendo perfeitamente a mulher moderna que deseja desfrutar dos momentos simples, como uma pizza de fim de semana com a família, sem abrir mão da saúde e da aparência. Para isso, é preciso se adaptar a uma realidade viável, sem conformismo, mas também sem extremismos, adotando mudanças sustentáveis e realistas em seu estilo de vida.

Durante minha gestação aos 40 anos, por exemplo, ganhei apenas 6,5 kg, aplicando na prática os princípios de equilíbrio e saúde que tanto defendo. Não precisamos nos render ao terrorismo nutricional. Em vez de impor restrições rígidas, como eliminar glúten ou lactose quando não há razões para tal, promovemos uma abordagem equilibrada, focada no estilo de vida. Não buscamos mudanças drásticas. Buscamos ajustes que possam ser sustentados a longo prazo, analisando e adaptando-se às necessidades individuais.

A minha formação em clínica médica e em endocrinologia e metabologia na Santa Casa de Misericórdia de São Paulo e os seis anos dedicados ao Corpo Clínico do Sírio-Libanês me forneceram um sólido *background* científico.

Também fiz uma pós-graduação em Nutrologia pela ABRAN e passei a incorporar os fundamentos da Medicina do Estilo de Vida. Aprendi a importância da ciência e da base acadêmica, mas foi no dia a dia do consultório que as lições mais valiosas surgiram, principalmente sobre o impacto das emoções na alimentação.

Na prática, percebi que o "proibido" costuma se tornar irresistível. Em vez de impor um regime de restrições, descobri que a inclusão consciente de prazeres alimentares, de forma moderada, é incrivelmente libertadora. Imaginem, por exemplo, permitir-se desfrutar de duas fatias de pizza e um vinho na sexta-feira e escolher uma sobremesa mais recheada no sábado. Trata-se de bom senso e equilíbrio, enquanto a decisão de nunca mais desfrutar de certos alimentos ou bebidas apenas gera desejo constante, culpa e compulsão.

Essa observação veio da interação com pacientes que chegavam ao meu consultório já desgastadas por julgamentos e dietas extremamente restritivas. Quando adotam regimes severos, perdem peso rapidamente, mas então enfrentam a inevitável adaptação metabólica, momento em que muitas desaparecem, crendo ter alcançado seus objetivos. No entanto, esse é o ponto crítico no qual a transformação realmente começa.

Entre os obstáculos que nos impedem de prosseguir está, em primeiro lugar, a desorganização. Deixar para decidir sobre refeições saudáveis no último minuto, principalmente após um dia exaustivo, raramente termina bem. Quando estamos cansados, buscando uma dose de dopamina, a última coisa que nos apetece é preparar um frango grelhado com vagem. As opções menos saudáveis acabam parecendo a única escolha viável, mesmo quando não são.

A conveniência dos alimentos ultraprocessados, que comprometem nosso paladar e nossa saúde, vem logo em seguida. E não podemos subestimar o impacto do estresse diário e do sono de má qualidade, que afetam vários hormônios, como leptina e grelina - reguladores de saciedade e fome, cortisol, Gh, e fazem com que nosso corpo entre em um estado de alerta, reduzindo o metabolismo e a queima de calorias, além de, para piorar o cenário, trazer uma "*fome rebote*" de 500 kcal a mais no dia seguinte a uma noite mal dormida pela falta de nutrição do sono.

Esses são os três "vilões" que vejo com maior frequência em meu consultório. Reconhecê-los é o primeiro passo para montar uma estratégia eficaz de enfrentamento, permitindo ajustes na rotina que pavimentam o caminho para uma vida mais saudável e equilibrada.

Por outro lado, o verdadeiro catalisador de mudanças positivas é a compreensão das emoções e das crenças arraigadas desde a infância. Fomos ensinados a sempre sermos agradáveis, a nunca dizer não, a não deixar comida no prato, entre outras coisas. Essas crenças, sem que nos demos conta, influenciam diretamente nossas escolhas e hábitos alimentares, e eu mesmo só pude dar a volta por cima quando as identifiquei e as venci.

Mantive o leme firme, guiando-me sem perder o norte do bem-estar. Mas o maior desafio ainda estava por vir: tentar trazer uma nova vida ao mundo.

Casei com o Fábio, aos 34 anos. Morávamos em São Paulo e a vida fluía bem. Decidimos voltar para Pato Branco em busca de melhor qualidade de vida e por já termos toda uma estrutura nessa cidade. Aos 36, decidimos engravidar. Como se fosse fácil como apenas tomar uma decisão.

Comecei a fazer alguns tratamentos para engravidar. Nesse período, encarar no espelho o reflexo de uma endocrinologista ganhando peso fez renascer de uma velha conhecida: a vergonha. Não eram os 20 kg do passado, foram apenas 7 kg, mas o suficiente para fazer brotar em mim a dúvida e a síndrome da impostora. Os tratamentos não deram certo, então foram encerrados.

Após os tratamentos de fertilização, decidi tirar o foco do desejo de engravidar, e fui fazer uma outra pós-graduação, dessa vez com a Dra. Sophie Deram, nutricionista francesa, autora do livro "*O Peso das Dietas*". Ali encontrei mais ainda a minha "tribo", pois ela prega exatamente o que acredito e o que vivenciei.

Acredito que nada acontece por acaso, então, essa nova etapa de estudos trouxe ainda mais luz e mais entendimento. Aplicando tudo que já sabia e esse olhar complementar dela, os quilos que havia ganhado no tratamento foram embora. E como as emoções andam de mãos dadas com o peso, tirar esse novo fardo me deixou mais tranquila, e acabei engravidando do meu filho Matheus de forma natural.

— Como posso orientar os outros se não estou conseguindo manter meu próprio equilíbrio? - questionei-me, sem aceitar o fato de que estava passando por um período transitório e extraordinário.

O percurso de volta ao meu "eu" foi também uma trajetória de aceitação e compreensão de que o verdadeiro equilíbrio não se mede apenas pela balança. Ele se mede pelo bem-estar emocional e pela paz interior.

Hoje, mantenho-me firme na convicção de que cada fase da vida traz suas próprias lições e desafios. A vergonha e a dúvida foram substituídas pela força e pela compaixão por mim mesma e pelos outros. Essa fase me ensinou a, mais do que nunca, acolher minhas imperfeições e usá-las como fonte de empatia e conexão!

E é a partir dessa trajetória, desde as salas de aula da faculdade de Medicina até os desafios enfrentados em consultórios, da luta contra a síndrome da impostora à alegria de trazer uma nova vida ao mundo e recuperar a minha essência, que este livro nasce.

Vamos, juntas, através da ciência e da conexão humana, explorar os aspectos nutricionais e físicos do emagrecimento, assim como aqueles enraizados em nossas emoções e crenças. Vamos desmistificar dietas restritivas e abraçar um caminho de amor próprio e autocompaixão, uma abordagem que transcende o tradicional e traz uma transformação tanto interna quanto externa.

Aqui, você não encontrará promessas de resultados instantâneos ou fórmulas mágicas. Em vez disso, ofereço reflexões e estratégias nascidas da minha própria luta e estudo, agora enriquecidas pela prática clínica. É um caminho pavimentado com a verdade de que a sustentabilidade no emagrecimento está no equilíbrio — entre como alimentamos nosso corpo e como nutrimos nossa mente.

Pela primeira vez que a Letícia ouviu falar dessa mudança de mentalidade necessária para se alcançar um emagrecimento sustentável, ela até concordou com tudo o que ouvira, mas seu comentário foi: "Faz sentido, mas para mim não vai funcionar, pois eu preciso de algo rígido e restritivo, se não, perco o controle". Seis meses depois, ele retornou ao consultório ainda mais frustrada, pois todas as suas tentativas de emagrecer com alto nível de restrição falharam. Não só deram errado como ela acabou engordando 17 kg. Então a Letícia se mostrou disposta a seguir um processo diferente comigo, seguindo os conceitos e aplicando várias das ferramentas que vamos apresentar ao longo do livro. Depois de um ano de acompanhamento, ela já havia perdido cerca de 35 kg e tem mantido seu peso desde então.

É hora de olhar além da superfície, questionar as crenças que moldam nossas escolhas alimentares e reconhecer as emoções que governam nosso apetite. Juntas, vamos reconfigurar nossa relação com a comida, com nossos corpos e com nós mesmos!

Está pronta para um emagrecimento realmente saudável e sustentável?

Ao longo da vida, sempre que iniciava restrições alimentares severas, o custo era alto – não apenas financeiro, mas em especial emocional e energético.

Capítulo 1

De Fato, Uma Questão Além da Balança

Nas últimas décadas, a alimentação tem passado por uma transformação drástica na qualidade dos alimentos consumidos, levando a um aumento generalizado tanto do índice de obesidade, quanto de doenças crônicas advindas de uma má alimentação. Ao mesmo tempo, com a chegada da internet, muita informação foi difundida; no entanto, ela foi acompanhada de ainda mais desinformação sobre dietas e receitas milagrosas que prometem resultados rápidos e sem esforço, incluindo o famoso "perca 10 quilos em uma semana!".

Tais abordagens falharam em entregar resultados duradouros e contribuíram para o desenvolvimento de uma relação problemática e prejudicial com a comida. Mesmo com o ciclo de ansiedade e restrição fortalecido, e após procurarem acompanhamento nutricional e médico especializado, muitos ainda não conseguiam emagrecer, apesar de receberem conselhos embasados e personalizados.

Profissionais da saúde perceberam então que o desafio de emagrecer vai além da simples execução de uma dieta. Os problemas originam-se não apenas de aspectos físicos, mas também de elementos emocionais e comportamentais profundos.

Um dos principais obstáculos identificados foi a regulação emocional, ou seja, a capacidade de gerenciar e responder às próprias emoções de maneira saudável. Quem nunca encontrou consolo ao saborear uma refeição deliciosa? A questão é que a comida serve também para aplacar emoções, não necessariamente porque há um desejo genuíno de comer, mas porque traz alívio momentâneo para inquietações e angústias com as quais não estamos sabendo lidar, processo que sabota integralmente qualquer esforço ou tentativa de emagrecimento.

A maneira como aprendemos a lidar com nossas emoções é construída ao longo da vida, desde os nossos primeiros anos. Alguns de nós tivemos a liberdade de expressar livremente nossos sentimentos e aprender a reconhecê-los e gerenciá-los, mas muitos receberam apenas repreensões e desencorajamentos ao tentar demonstrar suas emoções. Aliado ao ritmo frenético da vida moderna, esse comportamento relega nossas emoções a um plano secundário, resultando inevitavelmente em prejuízos à saúde.

Emoções como medo, vergonha e culpa são particularmente difíceis de se enfrentar. Elas podem surgir em contextos variados, como o medo perante um desafio profissional importante, a vergonha por não atender às expectativas de alguém próximo, ou a culpa por não cumprir nossas próprias listas intermináveis de tarefas e obrigações. A tristeza, por sua vez, pode surgir da sensação de solidão ou da falta de atenção e cuidado vinda de alguém que amamos. Diante dessas emoções, nos voltamos para a comida como forma de alívio.

Esse comportamento, conhecido como ***comer emocional***, consiste na procura pelo prazer proporcionado pela alimentação a fim de suavizar determinados sentimentos desconfortáveis. É um mecanismo de defesa, uma tentativa de autocuidado que, embora possa oferecer certo consolo momentâneo, não trata as raízes do nosso mal-estar interior.

As memórias afetivas também surgem com força nesses momentos difíceis. Seja o bolo especial preparado por nossa mãe ou o arroz doce inigualável da avó, esses alimentos evocam sentimentos de amor, segurança e pertencimento. Contudo, costumam comprometer nossos esforços de emagrecimento e, claro, postergam o enfrentamento e a resolução verdadeira dos problemas.

Estamos apenas os varrendo para debaixo do tapete. Isso pode funcionar temporariamente. No entanto, assim como o pó sob o tapete eventualmente se torna visível a todos, as emoções não resolvidas crescem até se tornarem insuportáveis, explodindo quando menos esperamos.

Por isso, neste capítulo, vamos aprender as maneiras de identificar e compreender as emoções que permeiam nosso dia a dia, além de desenvolver estratégias eficazes para gerenciar esses sentimentos de maneira saudável. Ao compreender essa conexão entre corpo, mente e emoção, iniciamos uma transformação que abrange todos esses aspectos, reconhecendo que a verdadeira mudança começa de dentro para fora.

É comum ouvir no consultório:

— Quero emagrecer para melhorar minha autoestima!

Essa afirmação, por mais compreensível que seja, revela uma ordem inversa no processo de transformação pessoal. Como veremos mais adiante, precisamos entender que a construção de uma autoestima sólida é um passo preliminar, não apenas um resultado do emagrecimento. Sem trabalhar nossa autoimagem e valor pessoal desde o início, não temos as ferramentas emocionais e mentais necessárias para nos engajarmos plenamente e com comprometimento no processo.

Por isso, dedicaremos uma atenção especial à autoestima neste livro. Ao longo das próximas páginas, você verá como cultivar um senso de valor próprio que transcenda as cifras na balança!

No entanto, preciso deixar claro que este capítulo não substitui a psicoterapia. Se você já está em um processo terapêutico, prossiga com ele. As reflexões e práticas propostas aqui irão enriquecer seu processo, oferecendo novas perspectivas e ferramentas para complementar o trabalho, mas nunca tomar o seu lugar.

Se você ainda não está em terapia e identificar, durante a leitura deste livro, desafios emocionais ou comportamentais significativos, os quais parecem maiores do que é capaz lidar sozinha, ou se perceber que determinados temas provocam grande desconforto, busque apoio profissional especializado. Um bom terapeuta irá oferecer o espaço seguro e o suporte necessário para você explorar suas emoções e comportamentos de maneira profunda e construtiva, um crescimento pessoal que vai além do emagrecimento.

Você Tem Fome De Quê?

Para iniciar a mudança dos nossos hábitos alimentares, precisamos compreender os motivos por trás das nossas escolhas alimentares em diferentes situações. Agora, vamos explorar os diferentes tipos de fome: física, emocional, vontade de comer e fome social.

Começando pela **fome física**, essa surge das necessidades do corpo, regulada pelos hormônios leptina e grelina. Quando experimentamos fome física, tendemos a ser menos seletivos em nossas escolhas alimentares. Comemos o que está disponível, mesmo que não seja nossa preferência em outras circunstâncias. Sentir necessidade alimentar é natural e saudável, um sinal de que nosso corpo precisa de combustível.

Lidar com a fome física envolve atenção à quantidade e qualidade dos alimentos que consumimos. Não há necessidade de preocupação se sentimos fome com frequência; aprenderemos ao longo deste capítulo que talvez esse apetite constante não seja puramente física. A fome emocional, por sua vez, é o desejo de comer algo reconfortante, muitas vezes associado a emoções desconfortáveis que buscamos distrair ou aliviar.

É comum que a fome emocional esteja ligada a pensamentos como "*Estou com vontade de comer algo gostoso*" ou "*Tive um dia difícil, mereço um chocolate*". Já a vontade de comer é mais específica e menos urgente, como o desejo por um bolo feito pela mãe ou um sorvete de uma gelateria específica. Essa vontade é tão particular que tentar distraí-la com outro alimento geralmente não funciona, ela persiste até ser satisfeita.

Diferentemente dos outros tipos de fome, é mais fácil adiar a vontade de comer, assim como adiamos outros desejos em prol de objetivos maiores. Reconhecer o tipo específico nos permite não ceder a tentações que não satisfarão verdadeiramente nosso desejo, evitando excessos alimentares que não nos trarão saciedade e manterão a vontade intacta.

Outra forma de fome é a **fome social**. Essa surge quando estamos em meio a outras pessoas, seja em uma conversa, reunião ou celebração, e acabamos comendo simplesmente porque os outros estão comendo ou porque a comida está disponível. É automático. Nem paramos para pensar se estamos realmente precisando de alimento, e quando percebemos, já estamos comendo ou até já comemos mais do que precisaríamos naquele momento.

Para lidar com esse tipo de fome, precisamos reeducar nossas sensações e ficar mais atentos aos sinais que nosso corpo nos envia. Cada tipo é peculiar, e há algumas pistas que nos ajudam a identificar qual estamos enfrentando. Autoconsciência é a chave, conhecer nosso corpo e suas reações nos ajuda a compreender nossas necessidades.

Por exemplo, é comum ouvir duas queixas distintas: "*Não consigo emagrecer porque sinto fome o tempo todo*" ou "*Nunca tenho apetite, mas no final do dia quero comer tudo que vejo pela frente*". Se você se identifica com essas situações, comece a se questionar sobre as sensações que seu corpo está transmitindo quando surge a necessidade de comer. Pensamentos como "*Estou sempre pensando em comida*" podem não ser um sinal claro de fome física, mas se sua barriga está roncando ou você sente um vazio no estômago, pode ser hora de uma refeição.

Às vezes, a sensação de fome pode surgir uma hora após uma refeição completa. Nesses casos, é importante prestar atenção nas quantidades e nos nutrientes ingeridos. Talvez a fome persista porque suas necessidades não foram totalmente supridas na refeição anterior. E, aproveitando a oportunidade, tire da sua cabeça que é obrigada a comer de 3/3 horas. Isso não existe! Simples assim! A ideia é ouvir seu corpo, os sinais que claramente ele emite, só que nem sempre estamos prontos ou dispostos a escutar.

Para quem tem dificuldade em perceber quando está com fome ao longo do dia, é útil programar momentos para monitorar a própria fome. Quando estamos ocupados cuidando dos filhos, trabalhando ou estudando, é fácil nos distrairmos dos sinais do corpo e deixarmos de perceber a fome, não é mesmo? No final do dia, é quando nosso corpo começa a gritar por comida, ou quando finalmente paramos nossas atividades e podemos prestar atenção em como estamos nos sentindo.

Se você se identifica com essa situação, é importante reconectar-se com as sensações do seu corpo. Programe lembretes ou alarmes no celular e se pergunte sobre sua fome em determinados momentos do dia. Por exemplo, se você costuma tomar café às 7 horas da manhã, programe um lembrete para verificar sua fome às 10 horas.

Não é necessário que todos comam entre o café da manhã e o almoço, mas é importante refletir sobre como seu corpo está se sentindo nesse intervalo. O mesmo vale para o período entre o almoço e o jantar. Fazer um lanche leve pode ajudar a evitar comer demais durante o jantar e perder o controle no final do dia. Volto a falar, escute seu alarme interno!

Disponibilizarei um "jogo" americano que mostra escala de fome e saciedade. Imprima e use sem moderação! Isso facilitará a percepção dos sinais emitidos pelo seu corpo. Trata-se da "Régua da Fome". Uma ferramenta que ajuda você a medir não apenas o apetite, mas também a saciedade. Zero representa nenhuma fome, enquanto 10 representa a maior fome que você já sentiu. Na escala de saciedade, zero significa estômago totalmente vazio e 10 indica estômago completamente cheio, talvez até com desconforto.

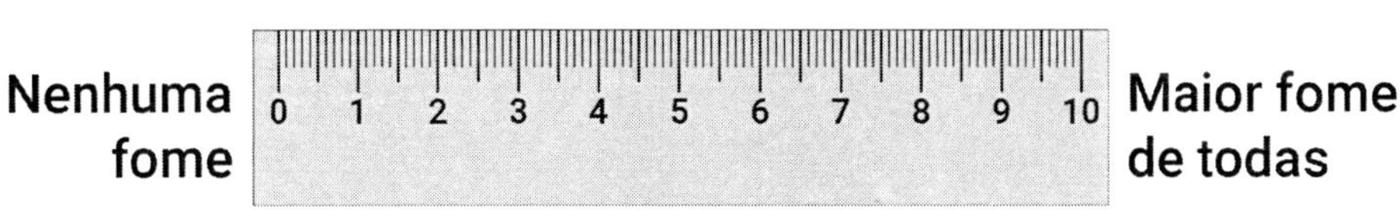

Por exemplo, é melhor comer quando estou em um "7" porque se deixo chegar no "10" tendo a exagerar (considerando que 0 *não estou com fome* e 10, *faminto*). Assim como quando parar. Por exemplo, se paro de comer quando estou "mais que satisfeito", posso perceber que passo a tarde sonolento, ou me sinto empachada; então, melhor cruzar os talheres quando sinto que poderia comer mais um pouquinho. Isso é sútil, mas faz grande diferença. E cada um tem "sua" própria nota, e, para descobrir seu ponto ideal, treinar e observar são a única forma de conseguir.

Se você perceber que costuma sentir necessidade de comer nos intervalos entre as refeições principais, é uma boa ideia sempre ter lanches saudáveis disponíveis para evitar comer em excesso quando a fome bater. Esteja preparada para não se sentir faminta e acabar comendo algo que não deseja ou exagerando nas porções.

Durante uma semana, proponho que você utilize a régua antes e depois das refeições. O objetivo é evitar chegar a uma fome nível 10, pois isso pode levar a excessos, assim como não é recomendável chegar a uma saciedade nível 10, pois pode ser desconfortável. Avaliar sua fome e saciedade ajudará você a se conscientizar melhor sobre as porções adequadas para seu corpo em cada momento.

Se tem dificuldade em perceber seu apetite ao longo do dia, recorra à régua da fome e da saciedade nos intervalos sugeridos. Observar os sinais do seu corpo e utilizar essas ferramentas ajudará a decidir se é hora de fazer um lanche leve ou se pode esperar até a próxima refeição. Essa prática é o primeiro passo para desenvolver uma alimentação mais consciente.

Com as ferramentas que compartilhamos neste capítulo, como a Régua da Fome e a conscientização sobre os diferentes tipos de fome, você já está no caminho certo para desenvolver uma relação mais saudável e consciente com a alimentação.

No entanto, reconhecer e responder adequadamente às suas necessidades alimentares é apenas o começo. No próximo capítulo, prepare-se para aprofundar seu entendimento sobre a fome emocional e conhecer as estratégias para evitar cair nessa armadilha.

Capítulo 2

Como Lidar com a Fome Emocional

Como já discutimos anteriormente, o uso da comida como uma forma de aliviar emoções é comum e, ao mesmo tempo, um grande obstáculo para o emagrecimento. O que podemos fazer sobre isso? Embora muitos pacientes e especialistas reconheçam esse padrão de comer por ansiedade, é importante entender como resolver essa questão do comer emocional. Vamos explorar agora como abordar efetivamente o comer emocional.

Quando recorremos à comida para conforto, recompensa ou alívio, adotamos um comportamento de comer emocional. No entanto, ao utilizar a comida para lidar com nossas emoções, não apenas não resolvemos a emoção original, como também desenvolvemos outras emoções desconfortáveis, como frustração e culpa por sair do plano alimentar.

A seguir, apresentarei cinco estratégias eficazes para lidar com o comer emocional. A primeira é adiar a satisfação proporcionada pela comida por 15 minutos. A fome emocional muitas vezes nos atinge com uma urgência avassaladora, e parece quase impossível resistir. No entanto, se conseguirmos adiar essa necessidade intensa por apenas

15 minutos, podemos ganhar clareza e pensar melhor antes de decidir se vamos ou não seguir nosso plano alimentar naquele momento. Durante esse período, podemos nos distrair, como lendo um livro, assistindo a um episódio de uma série ou respondendo mensagens no WhatsApp. É crucial *sair do ambiente "tentador".* Por exemplo, se você está na cozinha, se distraia nesses minutinhos no quarto.

A segunda estratégia é entender a função do comer emocional. Para saber qual é a melhor maneira de lidar com uma emoção, precisamos entender o que essa emoção está buscando ao recorrer à comida. Para explorar essa estratégia, vou pedir que você use a ferramenta *Diário da Fome Emocional,* disponível a seguir. Esse diário é uma ferramenta crucial para identificar padrões e entender melhor suas reações emocionais à comida.

Preencha-o com as três últimas situações de comer emocional que você se lembra. Na primeira coluna, liste os alimentos consumidos, a data e o horário. Seja específico quanto aos alimentos. Na segunda coluna, identifique a emoção que estava sentindo e o que aconteceu durante o dia para desencadear essa emoção.

Diário da fome emocional

Alimentos (Incluir dia e hora)	Que emoções eu estava sentindo quando comecei a sentir vontade de comer?	O que aconteceu no meu dia para eu me sentir assim?

método cem

O Diário da Fome Emocional nos permite observar padrões e ganhar clareza sobre como diferentes emoções influenciam nossas escolhas alimentares. Você pode notar que seu padrão de comer emocional é diferente de outras pessoas, incluindo os tipos de alimentos consumidos, a frequência e as emoções associadas. Este diário nos ajuda a identificar essas nuances.

Vou compartilhar um exemplo para ajudá-la a entender como preencher o Diário.

Mariana referenciou a primeira situação quando estava se preparando para uma apresentação importante no trabalho, agendada para o dia seguinte. O prazo estava esgotando, o que provavelmente a deixou preocupada com seu desempenho e as possíveis consequências de um resultado ruim. Isso desencadeou emoções de ansiedade, medo e cansaço, já que estava trabalhando até tarde para terminar a preparação. Ela recorreu a bolachas recheadas, salgadinhos, chocolate e refrigerante naquela noite de segunda-feira para aliviar esse desconforto emocional.

No dia seguinte à apresentação, que ocorreu na terça-feira à tarde, tudo tinha corrido bem e ela sentiu o desejo de comer um pouco mais para comemorar. Essa foi a situação número 2 listada por Mariana. Ela estava cansada pelo esforço do dia anterior e queria se distrair um pouco desse cansaço. Como resultado, ela consumiu muitas frituras no almoço e, como sobremesa, um pote de frutas com chocolate. Nesse caso, a função do comportamento alimentar foi de recompensa e distração.

Por fim, a terceira situação mencionada por Mariana não foi um evento específico que desencadeou as emoções, mas sim o clima e o ambiente. O dia estava frio e chuvoso, e o trabalho estava monótono, o que a deixou entediada. Ela acabou comendo um bolo recheado e tomando um café com chantilly em uma tarde de sexta-feira, pré-final de semana, quando já estava ansiosa pelo descanso. Os alimentos escolhidos tinham a função de proporcionar conforto e aconchego.

Esses são apenas alguns exemplos, e é possível que em suas próprias situações você identifique outras funções ou até mesmo múltiplas funções em uma mesma situação. Agora, podemos passar para a próxima estratégia, que é encontrar substitutos para distrair, de acordo com a função do seu comer emocional.

Na primeira estratégia, ao identificarmos a função emocional do comer, podemos adotar abordagens diferentes para lidar com essas emoções desconfortáveis. Por exemplo, quando buscamos distração ao comer, podemos procurar outras atividades prazerosas para substituir a comida imediatamente. Isso inclui ler um livro, assistir a um episódio de uma série, fazer uma caminhada ou qualquer outra atividade que nos proporcione prazer e distração. Sabia que até tomar um copo de água já pode fazer diferença? Muitas vezes temos sede, e não fome, uma vez que as áreas cerebrais responsáveis por cada uma delas ficam muito próximas.

Já quando se trata de lidar com o cansaço, a única maneira eficaz de lidar com essa questão é descansar. Embora seja tentador buscar substitutos para essa sensação de cansaço, como comer, essas alternativas não serão tão eficazes quanto o descanso adequado. Se possível, devemos revisar nossos períodos de descanso e fazer pausas curtas durante o trabalho para aliviar o peso da rotina. Gosto muito de usar a técnica da respiração coerente, como a proporção 4:4, na qual inspiramos por quatro segundos e expiramos pelo mesmo tempo.

A quarta estratégia envolve descobrir outros prazeres além da comida. Afinal de contas, nós sabemos que há outras atividades prazerosas que podem nos trazer alívio sem os efeitos negativos do comer em excesso. Essas atividades são os seus interesses pessoais, seja decoração, viagens, moda ou hobbies que adiamos por falta de tempo. Investir 15 a 20 minutos nessas atividades já ajuda a reduzir a urgência de recorrer à comida como uma forma de lidar com as emoções. Sim, não precisamos nos pressionar para dedicar um tempo extenso para isso, o que facilita para aqueles que têm dificuldade em iniciar ou concluir projetos. Começar uma atividade, mesmo que por um curto período de tempo, é melhor do que adiá-la indefinidamente. Podemos treinar a flexibilidade para deixar algo incompleto e retomá-lo posteriormente, se necessário.

A lista de opções de atividades prazerosas é infinita, mas destaque aquelas com as quais se identifica e as mantenha em um local de fácil acesso. No entanto, mesmo que os seus interesses vão em outra direção, em momentos de fome emocional intensa é mais eficaz se engajar em atividades mais ativas e envolventes, como dar uma caminhada, fazer exercícios físicos ou conversar com alguém.

Como já mencionamos, não há uma solução milagrosa ou uma fórmula mágica para resolver as dificuldades de emagrecimento. Nosso objetivo é que o processo seja leve e sustentável, algo que você possa manter a longo prazo. Então, é necessário ser gentil consigo mesmo e reconhecer que haverá momentos em que será mais difícil resistir ao impulso de comer emocionalmente. Às vezes, ao adiarmos ou cedermos a esse desejo, devemos aceitar que isso é normal. O problema surge quando esse comportamento se torna frequente ou quando temos dificuldade em controlar esses impulsos. Nessas situações, precisamos estar preparados para minimizar os danos desse comportamento, e é aqui que entra a prática de comer com atenção plena.

Isso mesmo: escolha os alimentos que deseja consumir e se entregue a eles com consciência, saboreando cada pedaço e apreciando todas as sensações que eles proporcionam! Esta abordagem está alinhada com a técnica 4 D, uma estratégia comprovada cientificamente para ajudar no manejo do comer emocional. A técnica 4 D consiste em *Delay* (demorar), *Distract* (distrair), Determine (*determinar*) e *Decide* (*decidir*). Primeiro, você demora para responder ao impulso de comer, dando-se tempo para avaliar sua fome. Em seguida, distrai-se com outras atividades que não envolvem comida. Após essa pausa, determina se a comida é realmente a melhor resposta para sua situação atual e, finalmente, decide conscientemente se comerá ou não. Aplicar esses passos pode aumentar significativamente sua conscientização e controle sobre suas escolhas alimentares, ajudando a manter o foco em uma alimentação saudável e satisfatória.

Déficits e Excessos

Certo dia, no consultório, uma situação interessante chamou minha atenção. Uma paciente que não aparecia há mais de três anos, devido à pandemia de COVID-19 e outros fatores, retornou. Ela estava visivelmente triste e declarou sua relutância em voltar porque isso demonstrava fraqueza e que ela não tinha tido força de vontade suficiente. Ela explicou que preferiria já ter assimilado todas as orientações que precisava seguir, em vez de precisar retornar ao consultório.

O motivo de seu retorno foi uma limitação física grande: um problema no joelho, decorrente do sobrepeso. Seu ortopedista recomendou fortemente que ela perdesse peso novamente. Ela lembrou do tratamento anterior, no qual conseguiu emagrecer bastante, e decidiu voltar para tentar retomar esse processo.

Realizamos um exercício interessante durante a consulta: identificamos os déficits e excessos em sua vida. Como ela é professora e tem uma vida agitada, perguntei quais eram os três pontos em déficit em sua vida, e ela mencionou: atividade física, vida social e qualidade da alimentação. Quanto aos excessos, ela identificou gastos excessivos, consumo de bebidas açucaradas e alcoólicas, e também relatou acordar com frequência durante a madrugada e ter muitas dores de cabeça, o que a levava a um consumo excessivo de medicamentos para dor.

Ela sentia que tudo estava ruim em sua vida. Mas será que realmente tudo estava tão ruim quanto ela pensava? Nós refletimos juntas.

Ao identificar os principais déficits e excessos em sua vida, pudemos começar a traçar um plano para promover mudanças até sua próxima consulta. Um dos aspectos que focamos foi a melhoria da qualidade da alimentação. Inicialmente, pode parecer vago simplesmente sugerir "comer mais frutas". Por isso, definimos estratégias mais específicas.

Por exemplo, considerando a questão do sono, no qual ela relatou acordar frequentemente e ter dores de cabeça, propusemos um ritual antes de dormir. Sugeri que ela preparasse uma xícara de chá, usasse seus óleos essenciais favoritos e adicionasse uma porção de fruta cozida com amêndoas, por exemplo. Essa fruta poderia variar, podendo ser acompanhada, em outros dias, por uma porção de ricota com geleia, já que ela aprecia sabores mais doces. A escolha da fruta cozida foi baseada no fato de que a maçã, por exemplo, contém pectina, que pode ser benéfica para o estômago. E ao introduzir mais chá e água, estamos gradualmente reduzindo o consumo de bebidas açucaradas. Estabelecemos um prazo de três semanas para avaliar a viabilidade e a eficácia dessas mudanças. Sim, não é um período longo, mas é suficiente para verificar se as alterações propostas são praticáveis e realmente trazem resultados positivos.

A Medicina do Estilo de Vida

Trata-se de uma abordagem centrada na utilização de intervenções baseadas em evidências no estilo de vida — como dieta, atividade física, controle do estresse, descanso adequado e cessação do tabagismo — para prevenir, tratar e, frequentemente, reverter o curso de doenças crônicas. Ela é fundamentada em seis pilares principais que podem ser usados como guias para avaliar e melhorar áreas deficitárias na vida de uma pessoa. Esses pilares são:

1. **Nutrição**: Uma alimentação saudável é crucial para prevenir e gerir doenças crônicas. Avaliar a nutrição envolve mais do que simplesmente olhar para o que se come; é necessário conside-

rar a qualidade dos alimentos, a regularidade das refeições, e o equilíbrio de nutrientes. Déficits nessa área podem incluir uma alta ingestão de alimentos processados, consumo insuficiente de frutas e vegetais, e refeições irregulares.

2. **Atividade física**: A atividade física regular contribui para a manutenção do peso corporal, melhora o humor e reduz o risco de muitas doenças. Um déficit nesse pilar pode aparecer como sedentarismo ou uma rotina de exercícios inconsistente ou inadequada, que não atende às recomendações de saúde.
3. **Gerenciamento de estresse**: O estresse crônico pode levar a numerosos problemas de saúde física e mental. Avaliar este pilar envolve examinar as técnicas de manejo do estresse de um indivíduo. Déficits podem incluir falta de estratégias eficazes para lidar com o estresse ou a presença de fontes de estresse crônico sem controle.
4. **Sono**: A qualidade e a quantidade de sono afetam profundamente a saúde física e mental. Déficits no sono podem se manifestar como dificuldade em adormecer ou manter o sono, dormir poucas horas por noite ou ter um sono de má qualidade que não é restaurador.
5. **Relacionamentos sociais**: Relacionamentos saudáveis podem ajudar a reduzir o estresse e melhorar a saúde mental e emocional. Déficits nesta área podem incluir isolamento social, relacionamentos tóxicos ou falta de suporte social.
6. **Uso de substâncias**: O uso de substâncias, como tabaco, álcool e outras drogas, pode ter um impacto significativo na saúde. Avaliar esse pilar implica examinar o consumo dessas substâncias e suas consequências para a saúde.

Para aplicar os pilares da Medicina do Estilo de Vida na avaliação das áreas mais deficitárias, é útil começar com um autoexame detalhado de cada pilar. Isso pode incluir a manutenção de um diário para documentar a dieta, atividade física, o nível de estresse, padrões de sono, interações sociais e uso de substâncias. Além disso, pode ser benéfico consultar um profissional de saúde que esteja familiarizado com a Medicina do Estilo de Vida para ajudar na interpretação dos dados coletados e no desenvolvimento de um plano de ação.

Identificar e abordar os déficits em qualquer um desses pilares pode conduzir a melhorias significativas na saúde e bem-estar geral, oferecendo uma estratégia abrangente para lidar com problemas crônicos de saúde e melhorar a qualidade de vida. Afinal, só podemos mensurar aquilo que podemos ver e medir, então precisamos registrar essas mudanças em um *planner* ou diário para acompanhar e avaliar seu impacto ao longo do tempo.

E não se apegue à ideia de que são necessários apenas 21 dias para mudar um hábito. Isso vale para situações mais simples e, quando falamos de mudança de hábitos, a realidade é que alguns podem continuar difíceis de mudar ao longo da vida toda, enquanto outros são mais fáceis de deixar para trás.

No primeiro dia desse processo, sugiro que você identifique três áreas em que você percebe déficits em sua vida, três áreas em que há excessos e o que você gostaria de melhorar. Não é necessário encontrar soluções para todas as áreas de uma vez, mas visualizar esses déficits e excessos já é um passo importante para encontrar o equilíbrio almejado.

ÁREA 1: ____

ÁREA 2: ____

ÁREA 3: ____

Emoções Que Levam ao Comer Emocional

O comer emocional é um fenômeno no qual as pessoas usam a comida para lidar com suas emoções, em vez de apenas comer para satisfazer a fome física. Esse comportamento é muitas vezes uma resposta a sentimentos negativos como ansiedade, tristeza ou estresse, mas também pode ser desencadeado por emoções positivas, como alegria e celebração. As emoções desempenham um papel fundamental na forma como escolhemos os alimentos e na quantidade que consumimos. Compreender as emoções que levam ao comer emocional é crucial para desenvolver estratégias de enfrentamento mais saudáveis e evitar que esse hábito prejudique a saúde física e emocional.

As emoções que comumente levam ao comer emocional incluem, mas não estão limitadas a:

1. **Tédio**: A falta de estímulo leva as pessoas a procurar comida como uma forma de entretenimento ou para preencher um vazio emocional.

- *Mecanismo*: O tédio muitas vezes leva à busca por estímulos que gerem prazer ou entretenimento, e a comida pode se tornar uma fonte fácil de gratificação imediata.
- *Estratégias de enfrentamento*: Encorajar a busca de atividades mais gratificantes e engajadoras, que desviem a atenção da comida como fonte de entretenimento: assistir uma aula que há

tempos está adiando, dar uma caminhada, ouvir uma música e dançar na sala podem ser boas opções.

2. **Estresse e Ansiedade**: Em que alimentos, particularmente aqueles ricos em açúcar e gordura, são buscados para proporcionar um alívio temporário do desconforto emocional.

- *Mecanismo*: O estresse e a ansiedade frequentemente desencadeiam o comer emocional como uma forma de autoproteção ou alívio temporário, aproveitando-se dos efeitos calmantes de certos alimentos, especialmente aqueles ricos em açúcar e gordura.
- *Estratégias de enfrentamento*: Técnicas de relaxamento, como a meditação e a respiração profunda, e atividades físicas podem ser alternativas para reduzir a ansiedade sem recorrer à comida. Outra técnica interessante é escrever. Ter um diário para escrita livre, quase um desabafar mesmo. Bastam três páginas por dia para ver os benefícios em pouco tempo

3. **Tristeza**: Momentos de tristeza podem fazer com que as pessoas busquem conforto em alimentos que evocam lembranças positivas ou proporcionam uma satisfação sensorial imediata.

- *Mecanismo*: Em momentos de tristeza ou as pessoas podem recorrer à comida para sentir um conforto emocional, muitas vezes escolhendo alimentos que trazem lembranças afetivas positivas.
- *Estratégias de enfrentamento*: Incentivar a expressão de emoções por meio de conversas com amigos, familiares ou profissionais, além de atividades que promovam bem-estar emocio-

nal e físico. É muito importante enfatizar: se perceber que está afetando suas relações, busque ajuda profissional.

4. **Solidão**: Aqui a comida pode servir como uma forma de companhia ou para preencher o vazio causado pela falta de conexões sociais.

- *Mecanismo*: A solidão pode levar ao comer emocional como uma tentativa de preencher um vazio emocional, com a comida servindo como companhia ou substituto das interações sociais.
- *Estratégias de enfrentamento*: Estimular a conexão com outras pessoas, seja através de grupos de apoio, atividades comunitárias ou redes sociais.

5. **Alegria e Celebração**: A comida se torna um centro de atividades festivas e muitas vezes leva ao excesso alimentar

- *Mecanismo*: Em contrapartida, emoções positivas como alegria e celebração também podem levar ao excesso alimentar, onde a comida é vista como parte integral das festividades.
- *Estratégias de enfrentamento*: Promover uma visão equilibrada das celebrações, onde a comida é apreciada sem excessos, e outras formas de comemoração são valorizadas. Lembre-se que o motivo da celebração não é a comida em si, então mude o foco e aproveite a companhia das pessoas que estão celebrando com você. Pratique isso, por exemplo, no próximo aniversário de um familiar ou em uma confraternização do trabalho.

Estratégias Gerais de Mudança e Mentalidade

Alterar a mentalidade em relação à alimentação e ao manejo das emoções é essencial para um processo de emagrecimento saudável e sustentável. As estratégias a seguir não só ajudam a modificar os hábitos alimentares, mas também a transformar a relação emocional e cognitiva com a comida. Vamos explorar três abordagens principais para mudar a mentalidade que podem promover uma relação mais saudável com a alimentação.

- **Consciência e Mindfulness:** A prática do comer consciente envolve estar plenamente atento às sensações físicas e emocionais durante a alimentação. Isso significa perceber as cores, texturas, sabores e aromas dos alimentos, bem como reconhecer as respostas do corpo à comida. Além disso, comer conscientemente inclui a observação de como diferentes alimentos afetam o humor e a satisfação física. Esta prática ajuda a reduzir a alimentação compulsiva e promove a escolha de alimentos que são verdadeiramente satisfatórios e nutricionais.
- **Identificação de Gatilhos Emocionais:** Muitas vezes, o comer emocional é desencadeado por emoções específicas que não são diretamente relacionadas à fome física. Identificar essas emoções e os contextos em que elas surgem pode capacitar os indivíduos a desenvolver estratégias personalizadas para lidar com esses gatilhos. Isso pode envolver técnicas como a redirecionamento da atenção, a busca por apoio emocional ou o engajamento em atividades relaxantes que não envolvem comida.

- **Reestruturação Cognitiva:** A reestruturação cognitiva é uma técnica da terapia cognitivo-comportamental que envolve identificar e desafiar pensamentos e crenças disfuncionais sobre a comida e a autoimagem. Por exemplo, substituir o pensamento *"Eu fracassei por comer isso"* por *"Posso fazer escolhas saudáveis na próxima refeição"* pode reduzir sentimentos de culpa e promover uma mentalidade mais positiva e resiliente em relação à alimentação.

Adotar essas estratégias de mudança de mentalidade requer prática e paciência, mas os benefícios a longo prazo para a saúde física e emocional são significativos. Ao cultivar uma maior consciência das próprias necessidades físicas e emocionais, aprender a reconhecer e gerenciar gatilhos emocionais e reformular pensamentos negativos, os indivíduos podem estabelecer um relacionamento mais saudável e equilibrado com a comida. Essas mudanças não apenas facilitam o emagrecimento, mas também promovem um bem-estar duradouro e uma qualidade de vida melhorada.

Conforme exploramos as estratégias para lidar com a fome emocional e aprimoramos nossa compreensão sobre os gatilhos e respostas emocionais associados à alimentação, é essencial reconhecer que os pensamentos também desempenham um papel crucial nesse processo.

No próximo capítulo, abordaremos os "Pensamentos Sabotadores", aqueles que frequentemente nos impedem de seguir caminhos mais saudáveis. Aprenderemos a identificar esses pensamentos, entender seu impacto em nossas escolhas alimentares e desenvolver estratégias para transformá-los, promovendo assim uma mudança duradoura em nosso comportamento alimentar. A jornada de emagrecimento não envolve apenas o que comemos, mas também o que pensamos enquanto comemos.

O comer emocional é um fenômeno no qual as pessoas usam a comida para lidar com suas emoções, em vez de apenas comer para satisfazer a fome física.

Capítulo 3

Pensamentos Sabotadores

Como vimos, as emoções desempenham um papel muito relevante em nosso processo de emagrecimento, mas não podemos subestimar o impacto dos nossos pensamentos. Eles exercem grande influência em nosso comportamento e na adesão aos hábitos necessários para a perda de peso, porque esses pensamentos afetam nossa autoconfiança e nossa percepção dos custos e benefícios dos hábitos saudáveis. Identifiquei cinco pensamentos sabotadores comuns que costumamos observar no consultório e que interferem consideravelmente no processo de emagrecimento. É provável que você se identifique com alguns deles.

O primeiro pensamento sabotador é o sentimento de obrigação de não deixar comida sobrar no prato, algo que muitos de nós ouvimos dos nossos pais. Não é porque sobrou comida no prato que precisamos necessariamente comê-la. Consumir aquela comida não resolverá nossa fome nem compensará os custos do preparo. Por mais que não queiramos desperdiçar, devemos reconhecer as necessidades do nosso corpo, servindo apenas a quantidade necessária para saciar nossa fome e guardando o restante para depois. Inclusive, se perceber que guardar para depois será pior, já dívida ou doe o que sobrou para alguém.

O segundo pensamento sabotador comum é a ideia de que podemos compensar os excessos alimentares no dia seguinte. Isso não é verdade. Para estabelecer e sustentar um hábito, precisamos manter uma constância, então cada vez que agimos de forma contrária ao hábito que nos propusemos a adotar, nos afastamos ainda mais desse objetivo e tornamos cada vez mais difícil retomar o caminho certo.

Um exemplo prático é quando viajamos para um resort com tudo incluso, por exemplo, e comemos sem "freios". Fica muito mais difícil voltar à rotina depois de abrimos a comporta como se não houvesse amanhã. Minha sugestão em situações como essa é: escolha o que está com vontade de comer, então sente e saboreie. Até porque se você se servir das oito variedades de bolo disponíveis no café da manhã do hotel, será praticamente impossível degustar de fato. Honre seu paladar. Escolha o que mais te apetece, sente e coma (sem distrações).

O terceiro pensamento sabotador mais comum são as justificativas para o consumo de alimentos fora do nosso plano alimentar — por exemplo, culpar familiares ou situações sociais pelos deslizes. Precisamos assumir a responsabilidade pelo nosso emagrecimento! Por mais que seja tentador culpar outros ou as circunstâncias, essas desculpas nos impedem de manter o plano alimentar. Podemos sim encontrar amigos e familiares e ainda assim permanecer fiéis ao combinado. Mude o foco! Pense: *"Que bom que vou encontrar o fulano! Vou por a conversa em ordem!"*, no lugar de "Vou aproveitar para comer bastante!".

O quarto pensamento sabotador é o seguinte: "Já que comi algo fora da minha dieta, vou comer tudo que quero mesmo. Amanhã eu recomeço". Cometer um deslize alimentar não significa que devemos abandonar completamente nosso plano. Além de ser prejudicial à nossa saúde, não faz o menor sentido do ponto de vista lógico. É como se estivéssemos fazendo uma caminhada e, ao tropeçar no meio do caminho, decidíssemos voltar ao ponto de partida em vez de simplesmente continuar de onde estávamos. No consultório gosto de usar o exemplo do carro e o pneu furado. Se chego e vejo que um pneu do meu carro está furado, será que penso: *"Ah, já que um está furado, vou furar todos os outros!"*? Colocando sob essa perspectiva, não faz o menor sentido, não é mesmo? Pense sobre isso da próxima vez em que o exagero no feriado da quinta-feira for a muleta para retomar seu plano alimentar apenas na segunda seguinte.

O quinto pensamento sabotador é: "Como não consigo perder os 10 quilos que quero, ou está muito longe de alcançar esse objetivo, acho que vou desistir". É por isso que, para lidar com metas maiores, devemos fracioná-las. Estabelecer metas menores nos permite focar em objetivos alcançáveis e celebrar as pequenas conquistas ao longo do caminho. Por exemplo, uma pessoa que pesa 93 kg, e quer chegar aos 63, vai desanimar se pensar: *"Ah, ainda faltam 30 kg!"*. Mas, se o primeiro objetivo for sair da casa dos 90 kg, fica muito mais palpável. Outra meta também pode ser de inclusão! Em vez de pensar: *"Não posso tomar refrigerante"*, troque por: *"Vou tomar mais água!"*. Nosso cérebro não trabalha bem com o "não". Por isso, medidas como essa soam de forma mais agradável do que uma com conotação negativa.

Aqui, apresentei cinco exemplos de pensamentos sabotadores e algumas estratégias para lidar com eles, mas essa lógica pode ser aplicada a vários outros pensamentos negativos. Precisamos lembrar por que iniciamos esse processo, quais são nossos objetivos e quais serão os prejuízos se cedermos a esses pensamentos sabotadores. E lembre-se que os pensamentos não são fatos, só porque pensamos de uma certa maneira não significa que seja verdade. Quando compreendemos que nossos pensamentos não precisam ditar nossas ações, torna-se mais fácil resistir a essas influências negativas e manter o foco em nossos objetivos.

O Verdadeiro Desafio Não É o Peso, Mas a Autossabotagem

Em relação ao tema da autossabotagem, vou usar uma paciente muito querida como exemplo. Muitas vezes colocamos todas as nossas expectativas e idealizações no outro. Quando essas expectativas não são correspondidas, acabamos nos frustrando, e é comum essa frustração encontrar uma válvula de escape, seja por meio de compras, comida ou até mesmo bebida.

Então, quando falamos de autossabotagem, estamos nos referindo a nos prejudicarmos e nos boicotarmos, e muitas vezes é aí onde está o problema, e não no peso em si. Então, agora vou falar sobre duas das principais formas de vencer os comportamentos autossabotadores.

O primeiro é o reajuste das expectativas. O que quero dizer com isso? Não é possível emagrecer 25 quilos em um mês, assim como não é viável manter uma perda de peso constante de um quilo por semana. Portanto, precisamos reajustar nossas expectativas, seja em relação ao peso, à família ou ao trabalho. Sugiro anotar essas expectativas e reajustá-las de maneira realista.

Por exemplo, se deseja perder 10 ou 15 quilos, é um objetivo legítimo, mas às vezes a distância para alcançar essa meta parece tão grande que acabamos nos sabotando. "*Quinze quilos? Ah, não vou conseguir. Já tentei tantas vezes, por que conseguiria agora? É melhor aproveitar mesmo e comer tudo o que eu quero."* Isso é algo que escuto todos os dias no consultório. Como muitos, eu também já enfrentei esses desafios.

Readequando minhas metas, por exemplo, priorizo objetivos menores como beber mais água e consumir mais frutas, tornando-os mais tangíveis e gerenciáveis. Readequando minhas metas, por exemplo, priorizo objetivos menores como beber mais água e consumir mais frutas, tornando-os mais tangíveis e gerenciáveis.

Um emagrecimento médio e saudável de 400 a 700 gramas por semana é um objetivo realista e seguro. Portanto, se sua ideia é perder 3 quilos até o dia 31 de do mês em que está lendo este trecho do livro (considerando que está realizando esta leitura no início do referido mês), leve em conta esse ritmo de perda. E se na semana você não perder as 400 a 700 gramas esperadas, não precisa ficar desesperada, frustrada ou triste. Está tudo bem, contanto que siga focada no seu objetivo e siga em frente.

A segunda prática para vencer a autossabotagem é a autocompaixão. A autocompaixão é o antídoto para o perfeccionismo, que, como sabemos, não nos leva a lugar nenhum. Quando buscamos a perfeição, caímos no padrão de tudo ou nada, deixando de lado o caminho sustentável e equilibrado que nos leva muito mais longe.

Afinal, se eu gastar todas as minhas energias logo no início, ficarei sem fôlego para continuar. A perda de peso é uma maratona, não uma corrida rasa de 100 metros.

Muitas pessoas confundem autocompaixão com autocomplacência, mas autocompaixão não tem nada a ver com conformismo. É sobre não se julgar severamente e não se menosprezar. Se você se pega frequentemente pensando *"Eu não sirvo para nada"*, *"Eu não tenho força de vontade", "Eu sou uma pessoa sem vergonha na cara"*, saiba que você provavelmente está presa em um padrão perfeccionista.

Agora, vamos comparar ser indulgente consigo mesmo com praticar a autocompaixão. Vou usar minha própria experiência como exemplo. Em um final de semana, fui à casa da minha avó para uma festa comemorando seus 90 anos. Houve muita comida e doces em excesso. Em vez de me criticar, pensei: *"Ah, mereço, né? É uma ocasião especial"*. E então me permiti comer além da conta, justificando que segunda-feira voltaria aos eixos. Falamos sobre esse tipo autossabotagem no capítulo anterior. Isso foi ser indulgente.

Por outro lado, a autocompaixão envolve reconhecer momentos especiais — como a festa da minha avó — e fazer escolhas conscientes. Por exemplo, em vez de comer de tudo, eu poderia escolher duas sobremesas do buffet para experimentar e pronto.

Essa é a diferença entre se permitir exageros descontrolados e praticar a autocompaixão. Trata-se de escolher algumas coisas para aproveitar plenamente, mas sem prejudicar tudo o que foi construído até então.

Portanto, autocompaixão é sobre reconhecer onde erramos, nos preparar para a próxima vez e buscar melhorar.

Exploramos profundamente o papel que os pensamentos sabotadores desempenham em nossos esforços de emagrecimento, destacando como eles podem desviar-nos de nossos objetivos de saúde e bem-estar. Ao compreender esses pensamentos e aprender a gerenciá-los, abrimos o caminho para um relacionamento mais saudável e consciente com a alimentação e com nossos corpos. A autossabotagem é, sem dúvida, um desafio significativo, mas não intransponível, principalmente quando temos a autocompaixão como aliada.

Como aplicação prática deste capítulo, sugiro a criação de um "Diário de Pensamentos" por uma semana. Anote todos os pensamentos negativos ou sabotadores que surgirem, especialmente aqueles relacionados à alimentação ou ao exercício.

Ao lado de cada pensamento, escreva uma resposta racional ou um pensamento alternativo mais positivo e construtivo. Por exemplo, se você notar o pensamento "*Vou comer tudo agora porque amanhã é um novo dia*", responda com "*Cada refeição é uma nova oportunidade para fazer escolhas saudáveis, independentemente da última refeição e escolho fazer isso agora*". Essa prática não apenas aumenta a conscientização sobre os padrões de pensamento negativos, mas também ajuda a formar uma mentalidade mais positiva e resiliente, crucial para uma jornada de emagrecimento bem-sucedida.

Ao dominarmos a arte de reconhecer e lidar com os pensamentos sabotadores, preparamos o terreno para o próximo passo vital em nossa jornada de bem-estar: fortalecer nossa autoestima. No próximo capítulo, exploraremos como a autoestima influencia diretamente nossa capacidade de manter hábitos saudáveis e como podemos construí-la de maneira positiva e sustentável. Preparar-se para cultivar uma autoimagem mais positiva é crucial para o sucesso a longo prazo em qualquer mudança de estilo de vida, incluindo o emagrecimento. Vamos descobrir juntas como transformar a maneira como nos vemos, para que possamos viver nossas vidas ao máximo, respeitando e cuidando do nosso corpo e mente.

Quando compreendemos que nossos pensamentos não precisam ditar nossas ações, torna-se mais fácil resistir a essas influências negativas e manter o foco em nossos objetivos.

Capítulo 4

Trabalhando a Autoestima

Muitas pessoas que buscam emagrecimento mencionam que seu principal objetivo é melhorar a autoestima. No entanto, adiar esse trabalho para depois de alcançar o peso desejado é um erro grave que pode comprometer todo o processo.

Para compreender melhor por que isso acontece, precisamos entender como a autoestima é constituída. Geralmente, no senso comum, a autoestima é composta por quatro pilares principais. O primeiro pilar é o autoconceito, que envolve o que pensamos sobre nós mesmos, nossas competências e habilidades. O segundo pilar é a autoeficácia, relacionada à confiança em si mesmo e na capacidade de lidar com as dificuldades da vida. O terceiro pilar é a autoimagem, ou seja, o quanto estamos satisfeitos com nossa aparência. Já o quarto pilar é o autorreforço, que diz respeito à capacidade de reconhecer e valorizar nosso esforço e desempenho.

Esses pilares são necessários para enfrentar os desafios e superar os obstáculos do emagrecimento, evitando cair na armadilha do autodesencorajamento, como pensar "*Eu não consigo*", "*Emagrecer não é para mim*" ou "*Nunca vou alcançar o peso desejado*".

Além disso, como estamos lidando com uma mudança de estilo de vida e não apenas uma "dieta da moda", é importante estar ciente de que o processo pode ser demorado e que os resultados desejados podem levar tempo para serem alcançados. Se deixarmos para trabalhar na autoestima apenas quando atingirmos esses resultados, os obstáculos ao longo do caminho vão nos desmotivar e nos fazer desistir do processo.

Portanto, nosso primeiro plano de ação em relação à autoestima não deve focar apenas na aparência externa, mas também em um exercício introspectivo para começar a trabalhar nesses pilares de forma mais profunda.

Por enquanto, vamos deixar de lado tanto o espelho quanto a balança. Sei que isso pode trazer alívio para alguns, enquanto outros podem se sentir ansiosos. Minha proposta aqui é chegar ao final deste livro com equilíbrio, sem ser refém do espelho, mas também sem ter medo dele.

Neste exercício, vamos pausar o uso do espelho e refletir sobre questões importantes relacionadas à nossa autoestima. Sabemos que o padrão de beleza causa muita insatisfação e insegurança em relação aos nossos corpos, e afeta nossa autoconfiança de maneira geral. Afinal, quando não estamos satisfeitas com nossa imagem, é comum começarmos a questionar não apenas nossa aparência, mas também nossas competências e habilidades. É essencial, então, deslocar nosso foco dos padrões de beleza e voltar nossa atenção para o que realmente importa: nossos valores internos e qualidades pessoais.

Como você descreveria a pessoa que você é, sem usar características físicas? Se tiver dificuldade em encontrar essa resposta, pense no feedback que as pessoas mais próximas a você costumam dar.

Que tipo de coisas você se sente capaz de fazer? Pense em como as pessoas que te conhecem bem te elogiam e reconhecem suas habilidades.

Como está seu autorreforço? Você consegue reconhecer quando faz algo bom, ou cai na armadilha de pensar que não foi suficiente?

E o que você pode fazer para melhorar o que te deixa insatisfeito?

Nesse exercício, é possível que você entre em contato com aquelas coisas que te incomodam e que te deixam insegura. Quantas vezes você se deparou com essas questões e acabou paralisando ou desviando o foco, sem cuidar delas, empurrando para debaixo do tapete?

Olhe para elas, aproveite que você decidiu se dar uma nova chance e tome atitudes para mudar e melhorar essas características. Ao longo do tempo, quero que você volte algumas vezes a essa listinha e se autorreforce a partir dos pontos positivos que conseguiu incluir ali. Certamente você irá acrescentar outros que não tenha lembrado enquanto fazia o exercício e lembrará de tudo que você planejou para mudar aquilo que te desagrada.

Enquanto progride em seu plano de emagrecimento, é crucial reconhecer cada avanço, mesmo que pequeno. Celebre cada mudança que você já realizou, mesmo as que ainda não se refletem externamente, reconhecendo cada passo como um progresso valioso em sua jornada. Lembre-se de que você está mais perto, pois ao decidir tentar novamente, ao ler este curso e abordar o processo de uma forma diferente, você já deu um grande passo em relação a como começou!

Como Me Vejo – Fato ou Fake?

Na psicologia, temos uma abordagem chamada terapia cognitivo-comportamental, na qual entendemos que as emoções e os comportamentos estão diretamente relacionados aos nossos pensamentos. Os pensamentos que temos sobre nós mesmos, sobre os outros e sobre o mundo em geral podem estar em conformidade com a realidade, baseados em fatos, ou podem ser distorcidos por interpretações que fazemos sem perceber.

Para continuarmos explorando nossa autoestima, gostaria que você anotasse em seu caderno o que pensa sobre si mesmo em cada um dos pilares da autoestima que discutimos, agora incluindo também os aspectos da aparência física. Faça uma lista de todos os pensamentos que você tem sobre si mesmo, tanto positivos quanto negativos, todas as opiniões que possui sobre você. Não se preocupe em ser modesta ou humilde, é só você com sua folha, colocando todos os pensamentos que tem sobre si mesmo. Reconheça o que há de bom e liste também aquelas coisas que não lhe agradam. Você pode fazer uma lista assim: "*Sou uma boa mãe*" ou "*Não sou boa o suficiente no trabalho*", "*Acho que sou uma boa amiga*" ou "*As pessoas não gostam de conversar comigo porque não sou uma pessoa interessante*".

Pare a leitura agora, pegue um lápis e uma folha de papel, pense um pouco e liste cada um desses pensamentos. Em seguida, para cada um deles, coloque as *evidências favoráveis*, as *evidências contrárias*, a *explicação alternativa* e "*o que eu posso fazer a respeito*".

____

____

____

Vou pegar o exemplo de um pensamento avulso — "*Não tenho amigos porque não sou uma pessoa interessante*" — para mostrar o passo a passo de preencher o exercício. Primeiro, vou me perguntar que evidências eu tenho que mostram que esse pensamento está correto. Quais são as provas de que esse pensamento é verdadeiro, de que não tenho amigos porque não sou uma pessoa interessante?

Digamos que a pessoa que preencheu esse exercício lembrou que não consegue conversar com ninguém quando está em uma festa e que não recebe muitos convites para sair. Talvez isso seja uma indicação de que ela não é uma pessoa tão interessante e não tem muitos amigos. Ou ela pode pensar que não tem coisas interessantes para compartilhar, como uma viagem legal, ou que o trabalho dela não tem nada de muito diferente, ou talvez ela não tenha histórias engraçadas. Esses foram alguns exemplos de evidências favoráveis que ela pode ter colocado.

Depois disso, vamos para as evidências contrárias. No exemplo que coloquei, digamos que a pessoa lembrou apenas de uma evidência que mostra que esse pensamento não está correto: ela tem duas amigas que gostam muito dela. Então ela escreveu: "Tenho duas amigas que gostam muito de mim".

Em seguida, vamos colocar a explicação alternativa. O que isso realmente significa? Existe alguma explicação alternativa para essa situação além da ideia de que você não tem amigos porque não é interessante? Por exemplo, a pessoa em questão pode ser muito tímida e ter dificuldade em socializar, o que pode explicar por que ela não tem tantos amigos ou não se vê como interessante. Além disso, ela pode ter recusado convites para sair por se sentir desconfortável quando não tem assunto para conversar. Da mesma forma, ela pode ter percebido que as coisas que considera interessantes são muito grandiosas, como ganhar um prêmio importante, participar de competições ou fazer viagens internacionais únicas. Quando ela refletiu sobre isso, percebeu que se todos seguissem essa linha de pensamento, a maioria das pessoas não seria considerada interessante porque teriam que ter vivido experiências extraordinárias. Esses são exemplos de explicações alternativas.

Na próxima etapa, devemos considerar o que podemos fazer em relação a essa situação, analisando as evidências favoráveis, as evidências contrárias e as explicações alternativas. No nosso exemplo, a resposta poderia ser algo como:

"Percebi que algumas amigas gostam de mim e que a falta de amigos não é necessariamente porque não sou interessante, mas por-

que evito lugares onde fico tímida e não converso com pessoas desconhecidas. Agora, posso tentar sair mais vezes e pedir a ajuda de uma amiga para me incluir na conversa, além de buscar atividades interessantes para enriquecer meus diálogos, como viajar, ler e assistir filmes."

Esse processo é particularmente útil quando lidamos com pensamentos desconfortáveis que desencadeiam emoções desagradáveis. Identifique esses pensamentos e aplique essa ferramenta. Isso permitirá que você tenha uma visão mais realista e menos catastrófica da situação e, assim, possa desenvolver estratégias para melhorá-la.

Como Melhorar Minha Imagem?

Pode ser que, durante o exercício, você tenha relembrado várias coisas que te deixam insatisfeita com seu corpo. Agora, vamos explorar algumas estratégias para ajudá-la a apreciar um pouco mais sua imagem enquanto trabalha em seu plano de emagrecimento.

Muitas vezes, quando nos sentimos inseguras em relação ao nosso corpo, recorremos a estratégias para disfarçar aquilo que não gostamos. Por exemplo, usar apenas roupas escuras para camuflar certos aspectos do corpo, ou aplicar muita maquiagem para corrigir imperfeições.

Ao recorrermos a essas estratégias, no entanto, tendemos a gostar menos ainda do que vemos, pois nos escondemos e deixamos de valorizar aquilo que é belo e característico em cada uma de nós. Hoje, proponho um plano de ação diferente para você. Já refletimos bastante internamente, agora é hora de começarmos a olhar para fora e pensar em mudanças que podemos fazer para cuidar mais de nossa aparência externa. Vou fornecer algumas dicas aqui, mas quero que você reflita sobre o que faz mais sentido para você em particular.

Por exemplo, mencionei a maquiagem, mas está tudo bem se você preferir não usá-la no dia a dia. Não significa que você só ficará mais bonita se estiver maquiada, é apenas um exemplo.

Você se identifica com o grupo que busca disfarçar as imperfeições, tentando esconder o que não gosta e, às vezes, até se sentindo invisível no meio das outras pessoas? Há estratégias que podemos utilizar para começar a apreciar mais o que vemos. Por exemplo, escolher roupas, maquiagem e acessórios que realcem aquilo que consideramos bonito. Não faltam recursos e informações disponíveis sobre como fazer isso.

Claro, podemos pensar em ajustar a forma como nos vestimos para refletir mais características da imagem que desejamos ter. Alguém pode se incomodar em parecer mais jovem do que é, sentindo que isso prejudica sua credibilidade profissional. Nesse caso, pode-se optar por um estilo que transmita uma imagem mais madura. Por outro lado, alguém pode querer parecer mais jovem, e existem estratégias de estilo para isso também, assim como para parecer mais alta, mais baixa ou mais magra.

Explore recursos e adquira informações que empoderem sua capacidade de se vestir e se apresentar como deseja, fortalecendo sua autoimagem e autoconfiança e realçando seu estilo pessoal, o que apoia seu emagrecimento. Se nos escondemos, esperando atingir um objetivo final específico — *"Só serei feliz quando atingir X peso..."* ou *"Quando vestir tamanho Y..."* —, acabamos nos desgastando e nos frustrando.

Então, além de comemorar as pequenas vitórias ao longo do caminho, desenvolva um olhar mais gentil para si mesmo, reconhecendo as características bonitas em você que muitas vezes não consegue enxergar devido às suas inseguranças.

Reserve um momento tranquilo, talvez em casa, quando estiver sozinha, e dê uma olhada no seu guarda-roupa, na sua maquiagem e no seu cabelo. Há algo que você possa fazer para se sentir melhor? Talvez aquele corte que você sempre quis ou aquela mudança na cor que você vem adiando. Experimente, teste roupas diferentes — não precisa ser algo muito fora do comum, mas talvez algo que traga um pouco mais de cor e destaque para o seu visual. Da mesma forma, a maquiagem pode ser utilizada para realçar suas características ao invés de apenas escondê-las.

Se conseguirmos mudar a forma como nos vemos, isso nos trará mais leveza, gentileza e autocompaixão, tornando o processo de emagrecimento muito mais suave.

Concluindo, trabalhar a autoestima é um processo fundamental e contínuo que não deve ser adiado até que metas externas, como o emagrecimento, sejam alcançadas. Como discutido, cultivar uma imagem positiva de si mesma, independentemente das oscilações da balança ou das expectativas sociais, é essencial para manter uma jornada de saúde e bem-estar emocional sustentável.

Ao nos aprofundarmos nos pilares da autoestima, percebemos que a verdadeira transformação começa no reconhecimento de nossas próprias qualidades, competências e o valor intrínseco que cada uma possui. Esse reconhecimento não só fortalece nossa resiliência diante dos desafios, como também alimenta nossa capacidade de celebrar cada pequena vitória ao longo do caminho.

No próximo capítulo, vamos explorar ainda mais a ideia de que a mudança verdadeira e duradoura é aquela que começa de dentro para fora. Vamos desvendar como as mudanças internas podem influenciar positivamente nossa saúde física e emocional, e como elas podem ser o alicerce para transformações externas mais visíveis e duradouras. A jornada de emagrecimento é apenas um reflexo das mudanças internas que estamos dispostas a fazer e sustentar. Prepare-se para mergulhar mais profundamente em como cultivar essas mudanças internas e transformar sua vida de maneira integral e significativa.

Capítulo 5

Mudando de Dentro para Fora

Mudar comportamentos não é uma tarefa fácil; leva tempo e podemos esperar algumas recaídas ao longo do caminho. No entanto, isso é perfeitamente normal e, com as ferramentas que discutimos até aqui, você poderá dar seus primeiros passos com confiança.

Claro, pode ser que em certos momentos você tenha encontrado dificuldades para implementar o que discutimos aqui, ou talvez tenha entrado em contato com emoções muito intensas e dolorosas, sentindo a necessidade de explorar mais a fundo. Se este for o caso, pode ser necessário buscar ajuda, como orientação de um psicólogo ou acompanhamento psicoterapêutico individualizado.

Muitas pessoas me perguntam quando é o momento certo para buscar ajuda psicológica ou uma avaliação profissional. A resposta para isso surge quando consideramos a intensidade do sofrimento e os prejuízos que enfrentamos em diferentes áreas da vida. Por exemplo, mesmo após utilizar as ferramentas discutidas para obter uma percepção mais realista do problema e tentar se distanciar um pouco dele, se você ainda está enfrentando sintomas como insônia, excesso de comida, prejuízos nos estudos ou no trabalho, ou se sua imagem corporal e autoestima estão tão afetadas que levam você a evitar atividades importantes, isolar-se socialmente por vergonha ou recorrer a métodos como laxantes, diuréticos, indução de vômito ou exercício físico excessivo para compensar excessos alimentares, é provavelmente hora de buscar ajuda.

Esses são apenas alguns exemplos, mas se você perceber qualquer questão que tenha lhe afetado profundamente ou que requer cuidados especiais, não hesite em procurar avaliação profissional. Você não precisa enfrentar isso sozinha, e uma saúde mental equilibrada contribuirá enormemente para todos os resultados que deseja alcançar.

Aceitação

Geralmente, quando falamos sobre aceitação, cometemos alguns erros em relação ao seu significado. O primeiro é pensar que aceitação é resignação, é aceitar passivamente a situação como ela é. Na verdade, a aceitação é ativa. Significa estar presente com o que é, pelo tempo que for necessário. Significa olhar para a situação e avaliar: há algo que posso fazer para mudar? Se sim, então tomarei as medidas necessárias. Se não, então aceito.

E aceitar não significa que a situação não possa ser transformada. Significa aceitar que, enquanto trabalho para modificar a situação, ela é como é, mas com os meus esforços, em breve será diferente.

Por que a aceitação é tão importante? Porque o oposto da aceitação é a resistência. O que é resistência? É desejar que as coisas não sejam como são e lutar contra a realidade. Porém, a realidade é mais forte do que nós. Sempre que brigamos com a realidade, saímos perdendo. Então, qual é a realidade neste momento? Consigo compreender que a mudança é um processo em andamento? Enquanto me concentro em aceitar o momento presente, liberto a energia que estaria sendo desperdiçada na resistência e na tentativa de mudar o que não pode ser mudado.

Portanto, a aceitação é sempre no momento presente. Não estou aceitando o futuro, mas sim reconhecendo que, neste momento, as coisas são como são.

Por que isso é tão importante, especialmente no contexto do emagrecimento? Porque a aceitação de si mesmo, em sua totalidade e radicalidade, é o que nos permite trabalhar conosco a partir de um lugar de amor próprio elevado. É fundamental realizar todas essas mudanças não porque não gostamos de nós mesmos como somos ou porque estamos em conflito interior, mas sim porque reconhecemos que nosso bem-estar e felicidade merecem toda nossa energia.

Quando lidamos com a compulsão alimentar, a aceitação torna-se ainda mais relevante. Quando enfrentamos um episódio de compulsão, nosso padrão automático é nos criticarmos, sentirmos culpa e vergonha. Como podemos trabalhar a aceitação nesse contexto? Em vez de nos julgarmos, direcionamos nossa energia para compreender o que nos levou a isso, o que podemos aprender e como podemos agir de maneira diferente na próxima vez. A aceitação nos permite focar em aprender com nossas experiências, em vez de cairmos no ciclo da autorreprovação!

E não, o processo de transformação não é instantâneo. É gradual e contínuo. Quanto mais aceitamos esse fato e estamos em paz com o processo, mais facilmente podemos nos dedicar ao trabalho necessário para a mudança. Ao abrir mão das expectativas e idealizações sobre como as coisas deveriam ser, nos concentramos totalmente no que podemos fazer para criar uma realidade diferente e nos dedicamos inteiramente a esse trabalho.

No processo de aceitação, observo as coisas como elas são, mas principalmente a mim mesma: meus comportamentos, meu funcionamento emocional e meus pensamentos. Aceito que são como são e trabalho a partir de um lugar de cuidado e amor próprio na busca pela transformação. Abandono a ideia de que deveria ser diferente, de que deveria agir de outra maneira. Por quê? Porque estou em constante aprendizado. Preciso aceitar que é um processo no qual cometerei erros, e tudo isso faz parte do percurso.

Quando cometo erros, não os encaro como obstáculos a serem removidos do caminho. Eles são o próprio caminho. Passo por eles e aprendo a cada passagem. Com essa percepção, compreendo que não se trata apenas de uma reação automática, como "já comi um pedaço de bolo, então posso comer o resto". Em vez disso, reconheço que comi um pedaço de bolo e me questiono: o que aconteceu? O que posso aprender com isso? Agora, tenho a escolha de continuar ou não. Como posso tomar essa decisão de forma consciente? Como posso lidar com minhas emoções e pensamentos para fazer escolhas mais acertadas? Tudo isso parte de um lugar de aceitação do que aconteceu, usando essa aceitação como combustível para agir de forma diferente agora.

Ao aceitar nossos limites atuais, criamos espaço para observar, aprender e escolher conscientemente como lidar com as situações. Esse processo nos permite avançar gradualmente em direção à transformação, guiados por um desejo verdadeiro de felicidade e autocuidado. O meu convite é para perceber quando estamos lutando contra nós mesmos, contra a realidade e contra a vida, e encontrar maneiras de criar esse espaço interno para tomar decisões mais conscientes e alinhadas com nossos valores e objetivos de bem-estar.

Compaixão

Compaixão é a capacidade de ver o sofrimento, tanto em nós mesmos quanto nos outros, e ser movido à ação para aliviá-lo. Em uma abordagem de Mindfulness, compaixão é uma das "asas" do pássaro, complementando a atenção consciente. Enquanto a atenção consciente nos permite ver as coisas como realmente são, a compaixão nos leva a responder de forma habilidosa ao sofrimento que observamos.

É importante distinguir compaixão de empatia. Empatia é reconhecer o sofrimento do outro e sentir em nós mesmos essa emoção refletida. Compaixão vai além, envolvendo a pergunta: "O que posso fazer para ajudar?". Às vezes, tudo que podemos oferecer é nossa presença e apoio, tanto para nós mesmos quanto para os outros.

A compaixão, vista de uma perspectiva científica, possui três elementos: a **autobondade**, reconhecendo nossa própria humanidade compartilhada e praticando a gentileza consigo mesmo; a **humanidade compartilhada**, reconhecendo que todos os seres humanos experimentam sofrimento; e a **mente mais ampla**, desenvolvendo uma visão ampla e inclusiva.

Assim como a atenção consciente, a compaixão é uma habilidade que pode ser cultivada e fortalecida com prática. É uma nova forma de agir e estar no mundo, um novo "sistema operacional" para o cérebro. Ao observarmos nossos próprios pensamentos, emoções e reações aos eventos, e ao respondermos ao nosso próprio sofrimento e ao dos outros de maneira compassiva, estamos transformando nossas respostas automáticas em respostas habilidosas, baseadas no cuidado e na gentileza.

Normalmente, quando nos percebemos sofrendo, nosso instinto automático é a autocrítica. Costumamos nos culpar e nos julgar, em vez de reconhecer nossas limitações e aceitar o que aconteceu. A autocompaixão, por outro lado, é o oposto da autocrítica. É a capacidade de olhar para nós mesmos, nossas emoções e nosso ser, com gentileza e compreensão.

Desenvolver a autocompaixão é aprender a ser um amigo melhor para nós mesmos. Uma citação que gosto muito é: "Preste atenção para que o seu maior inimigo não viva entre as suas próprias orelhas".

Estudos mostram que quando temos autocompaixão, conseguimos nos recuperar de eventos difíceis com mais facilidade, porque a autocrítica gera estresse, ativando nossas regiões emocionais automáticas e desligando a parte do cérebro responsável pelo aprendizado. Ao sermos compassivos, convidamos essa parte do cérebro a aprender com a experiência, o que nos possibilita escolhas mais assertivas no futuro.

Podemos começar observando como falamos conosco e aprendendo a nos dirigir da mesma maneira amorosa que falaríamos com um amigo querido. Acredite, fará toda a diferença em seu processo!

O segundo elemento da autocompaixão é a *humildade compartilhada*. Quando estamos sofrendo, é comum sentirmos que somos os únicos passando por aquela situação, o que nos leva ao isolamento e à sensação de sermos únicos em nosso sofrimento. No entanto, ao reconhecermos a humanidade compartilhada, entendemos que muitas outras pessoas também passam por experiências semelhantes, o que nos ajuda a lidar com o sentimento de isolamento.

Esses elementos juntos permitem que façamos mudanças sustentáveis em nossa vida, partindo de um lugar de gentileza, amor próprio e aceitação. Não devemos pensar que precisamos "nos consertar" e nos tornar algo diferente do que somos, pois esse pensamento não reconhece nossa humanidade e nossas falhas como parte natural do processo de aprendizado e crescimento.

Uma das questões mais importantes tanto na compaixão quanto na aceitação é entender as origens do nosso sofrimento e como podemos evitar que ele persista. Isso tudo vem do desejo genuíno de buscar nosso bem-estar e felicidade, não de uma necessidade de "nos consertar" ou devido a uma sensação de não sermos boas o suficiente.

Então, pensemos em nós mesmos como jardineiras cuidando de um jardim. Estamos constantemente mexendo na terra, plantando sementes, cuidando das plantas. No entanto, não temos controle sobre quando as flores vão florescer ou quando os frutos vão amadurecer. Tudo o que podemos fazer é dedicar-nos ao cuidado desse jardim, oferecendo todo o carinho, amor e atenção que temos para dar.

Ao praticarmos a autoaceitação, a autoconfiança e a autocompaixão, estamos cuidando desse nosso jardim interno, confiando que as flores e os frutos surgirão no tempo certo. Não controlamos o que vai surgir, mas podemos controlar o quanto de energia e amor investimos nesse cuidado. Com o tempo, percebemos que isso transforma nossas vidas a curto, médio e longo prazo.

Feito É Melhor Que Perfeito

As 80 calorias do brigadeiro são as mesmas 80 calorias da maçã? Pergunta estranha, não é? Afinal, calorias são calorias, independentemente do alimento. No entanto, a qualidade dessas calorias faz toda a diferença. Por quê? Porque o brigadeiro causa um pico de açúcar no sangue seguido de uma queda abrupta, o que muitas vezes aumenta a vontade de continuar consumindo doces e gera uma compulsão alimentar, em que um doce leva a outro.

Por outro lado, a maçã, assim como outros alimentos de qualidade nutricional superior, age de forma diferente. A presença de fibras retarda a absorção de açúcar, proporcionando uma liberação mais lenta na corrente sanguínea. Isso resulta em níveis de energia mais estáveis e uma sensação de saciedade prolongada. Como resultado, as 80 calorias provenientes da maçã, além de fornecerem energia, nutrem o corpo e reduzem muito o desejo por doces posteriormente.

O objetivo não é proibir o consumo de brigadeiro ou qualquer outro alimento, mas sim buscar o equilíbrio. O caminho do meio é o que promove a sustentabilidade a longo prazo. Não se trata de ficar parado, aceitando a situação, nem de seguir dietas extremas que resultam em efeitos colaterais prejudiciais. O equilíbrio é o que nos permite avançar de forma consistente e sustentável.

As 80 calorias do brigadeiro também podem se encaixar em um plano alimentar equilibrado. O problema não está no consumo dessas calorias em si, mas sim na forma como as consumimos. Após 15 anos de experiência em consultório, após ter enfrentado a compulsão alimentar e ter estado 20 quilos acima do peso, hoje consigo me dar esse espaço para desfrutar da comida de forma consciente. Se não puder apreciar a comida adequadamente, não a consumirei de forma apressada e desatenta, porque não conseguirei enviar ao meu cérebro a informação de saciedade e, como resultado, vou consumir mais do que o necessário.

Quanto à maçã, mesmo tendo as mesmas 80 calorias, a diferença está na sua qualidade nutricional. Por nutrir mais o corpo, após consumi-la você terá menos vontade de comer outras coisas. Portanto, a qualidade dos alimentos está intrinsecamente ligada à nossa saciedade e ao nosso bem-estar.

Ao longo deste capítulo, exploramos a importância de uma mudança interna para efetivar transformações duradouras em nosso comportamento e estilo de vida. Entendemos que mudar não é apenas uma questão de alterar o que fazemos, mas principalmente de como nos percebemos e reagimos às nossas experiências. A aceitação e a compaixão por nós mesmos são fundamentais nesse processo.

Para ajudá-la a aplicar esses conceitos, sugiro manter um "Diário de Aceitação e Compaixão" por uma semana, pelo menos. Todos os dias, anote situações em que você sentiu dificuldade em aceitar a realidade ou em ser compassiva consigo mesma. Descreva a situação, como reagiu inicialmente e, em seguida, reflita sobre como poderia aplicar a aceitação e a compaixão para alterar sua resposta. Ao final da semana, reserve um momento para revisar suas anotações e avaliar como essas práticas estão influenciando seu bem-estar e sua jornada de emagrecimento.

Esse exercício não apenas fortalecerá sua habilidade de ser mais aceitativa e compassiva consigo mesma, mas também preparará o terreno para uma compreensão mais profunda das barreiras que ainda enfrenta em seu processo de emagrecimento.

Minha paciente Carolina queria emagrecer para poder engravidar, uma vez que estava prestes a fazer 40 anos e sentia a pressão do relógio biológico. Com isso, fez alguns tratamentos de fertilidade e, por conta dos tratamentos e mais uma alta dose de ansiedade para ser mãe, acabou ganhando 17 kg. Então, iniciamos um acompanhamento que fez com que ela emagrecesse 12 kg e, para alegria de todos, a Carolina acabou engravidando e deu à luz um menino lindo, tendo tido baixo ganho de peso durante a gestação. Após o parto, ela continuou lidando com suas emoções e fazendo escolhas melhores em relação à sua alimentação, o que a faz atingir o seu peso ideal e mantê-lo dentro do esperado.

No capítulo seguinte, vamos explorar uma questão intrigante: por que muitas pessoas afirmam que não comem muito, mas ainda assim engordam? Vamos desmistificar alguns conceitos sobre metabolismo, densidade calórica dos alimentos e como nossas escolhas, muitas vezes baseadas em percepções equivocadas, impactam nosso peso. Esse conhecimento será crucial para que você possa fazer escolhas mais inteligentes e eficazes em sua alimentação e estilo de vida.

Capítulo 6

Se Não Como Tanto, Por Que Engordo?

Você já deve ter se perguntado inúmeras vezes, *"Por que, mesmo não comendo tanto, principalmente se comparado ao meu marido, filho ou até mesmo à vizinha, que parece comer sem limites, continuo ganhando peso?"* Essa é uma questão que atormenta milhões de pessoas.

Para respondê-la, é necessário fazer uma análise criteriosa dos nossos hábitos alimentares, pois nós costumamos subestimar o que realmente estamos consumindo. A maneira mais honesta de ter clareza sobre isso é mantendo um diário alimentar. Embora possa parecer tedioso, anote tudo o que consome durante uma semana; você terá surpresas. Aquela bolacha, o chocolatinho ou até mesmo o cappuccino, que parecem insignificantes, têm um impacto relevante em nossas contas calóricas diárias, muitas vezes mais do que as refeições em si.

Para ilustrar a importância de manter um diário alimentar, considere o caso de Ana. Durante uma semana, ela registrou cada lanche e refeição, descobrindo que pequenos snacks como biscoitos e chocolates, consumidos ao longo do dia, somavam mais de 300 calorias diárias! Esses "extras", aparentemente insignificantes, podem ser o suficiente para explicar um ganho de peso gradual. Além disso, o monitoramento também é importante no emagrecimento, pois dá uma visão real do processo e trazer respostas para a ausência de resultados ou um eventual platô.

Minha primeira sugestão para você é fazer esse exame minucioso do que você come. Anote cada detalhe, desde a bolacha até o copo de refrigerante. É importante estarmos conscientes de todas as escolhas que fazemos ao longo do dia. Isso nos ajuda a ter uma compreensão real do que está acontecendo.

Depois, considere a qualidade dos alimentos que consumimos, não apenas as calorias. O valor calórico de um alimento é apenas uma parte da equação. Devemos nos atentar também ao valor nutricional e à saciedade que esses alimentos proporcionam. Como já vimos, uma maçã e um brigadeiro podem ter a mesma quantidade de calorias, mas são alimentos completamente diferentes em termos de nutrientes e fibras.

Abordaremos mais sobre esse assunto ao longo do livro, mas é importante estar ciente e compreender cada vez mais a importância da qualidade alimentar. Com isso, podemos descobrir que o que pensávamos ser uma quantidade moderada não é exatamente o caso.

Quando falamos sobre saciedade e até mesmo os desejos alimentares, múltiplos fatores estão em jogo. Há uma complexa equação envolvendo aspectos como valor nutricional, preferências pessoais e até mesmo aspectos emocionais relacionados à comida. É uma matemática alimentar e metabólica que não se resume apenas a números calóricos.

Outro aspecto essencial a ser considerado são os fatores hormonais. Desequilíbrios hormonais são reais e têm grande impacto no peso corporal. Alterações na tireoide, no hipotálamo, resistência à leptina ou à insulina são alguns exemplos. Além de considerar a quantidade calórica, é crucial entender como os alimentos processados afetam nossos hormônios. Por exemplo, alimentos ricos em açúcares simples podem disparar picos de insulina, um hormônio que facilita o acúmulo de gordura corporal e pode levar a um ciclo vicioso de fome e ganho de peso. Vamos abordar esses temas com mais detalhes adiante, mas embora os problemas hormonais de fato aconteçam, eles representam apenas uma minoria dos casos em que as pessoas têm dificuldade para emagrecer.

Agora, se você já está mantendo um diário alimentar e seguindo uma alimentação de qualidade, mas mesmo assim parece estar estagnado, sem progresso, é hora de considerar uma quarta questão: o metabolismo. Quando falamos sobre hormônios e metabolismo, as coisas podem se tornar um pouco confusas, mas estamos nos referindo especificamente aos hormônios cujas alterações podem dificultar o processo de emagrecimento.

Isso inclui desequilíbrios que podem afetar hormônios como leptina, insulina, cortisol e até mesmo a tireoide e a testosterona. Quando enfrentamos desafios relacionados a esses hormônios, precisamos buscar orientação médica. Se você está fazendo tudo certo, mas parece não estar fazendo progresso, para identificar possíveis desequilíbrios hormonais, observe sintomas como fadiga persistente, ganho de peso inexplicado ou dificuldade em emagrecer. Se esses sintomas são familiares, procure seu médico, ele pode recomendar exames específicos para avaliar os hormônios que julgar necessários.

Também é bom estar ciente de que diferentes tipos de exercício têm impactos distintos no nosso corpo. Enquanto os exercícios aeróbicos são excelentes para queimar calorias e melhorar a saúde cardiovascular, os exercícios de resistência, como a musculação, são cruciais para aumentar a massa muscular, que por sua vez acelera o metabolismo e ajuda na queima de gordura de forma mais eficiente.

Além disso, há a famosa genética. Algumas pessoas têm um metabolismo mais lento, o que significa que não queimam energia tão rapidamente quanto outras, o que resulta em uma maior tendência ao acúmulo de gordura e mais dificuldade para emagrecer. Por isso, comparar-se com outras pessoas é injusto, já que cada indivíduo tem seu próprio conjunto único de circunstâncias metabólicas e genéticas.

A genética desempenha um papel significativo no nosso metabolismo, mas isso não significa um destino imutável. A epigenética mostra como nossos comportamentos, como dieta e exercício, podem modificar a expressão de nossos genes. Por exemplo, uma alimentação equilibrada e atividade física regular podem "ativar" genes benéficos e "desativar" aqueles que predisporiam ao ganho de peso.

Ao considerar o metabolismo, diversos fatores entram em jogo, como idade, altura, sexo e nível de atividade física. Portanto, a resposta para a pergunta "*Se não como tanto, por que acabo engordando?*" envolve muitas e muitas variáveis.

Minha proposta aqui é incentivar você a investigar cuidadosamente esses aspectos, sempre com autocuidado e autocompaixão. Encorajo você a começar com pequenas mudanças nos hábitos alimentares e na atividade física.

Pequenos passos, como substituir lanches processados por opções mais nutritivas e introduzir uma rotina de exercícios moderados, podem não apenas melhorar seu peso, mas também sua saúde geral. Lembre-se, cada pequena mudança contribui para grandes resultados a longo prazo.

Ao embarcarmos nesta jornada de compreensão sobre os desafios do emagrecimento, é essencial mantermos uma perspectiva gentil e paciente conosco mesmas. Cada corpo é único, com suas próprias necessidades e ritmos de mudança. Não é apenas sobre contar calorias ou fazer exercícios; é sobre entender e respeitar seu corpo, nutrindo-o com o que ele realmente precisa. Então, nada de achar que as coisas funcionam para todo mundo menos para você!

Lembre-se de que o autoconhecimento é uma ferramenta poderosa. À medida que você começa a entender melhor seus hábitos, respostas hormonais e impactos metabólicos, você se equipa com a habilidade de fazer mudanças mais informadas e sustentáveis.

Agora você que tem as ferramentas para começar a ajustar sua alimentação e estilo de vida com mais precisão, é possível que, em algum momento, encontre o que muitos temem: *o efeito platô*.

No próximo capítulo, exploraremos por que, após um período inicial de sucesso, você pode experimentar uma estagnação em seu progresso de emagrecimento. Mais importante, discutiremos estratégias para superar esse platô, ajustando seu plano de emagrecimento para reacender o progresso e continuar avançando em direção aos seus objetivos de saúde. Juntas, descobriremos como manter a motivação e o impulso, mesmo quando os desafios parecem insuperáveis.

Ao embarcarmos nesta jornada de compreensão sobre os desafios do emagrecimento, é essencial mantermos uma perspectiva gentil e paciente conosco mesmas.

Capítulo 7

O Temido "Efeito Platô"

Este capítulo é particularmente fascinante, pois desafia a ideia simplista de "foco, força e fé". Aqui, vamos compreender que nosso corpo opera com uma inteligência própria, trabalhando dentro de uma homeostase e um conjunto de regulamentos, incluindo o conceito de "set point", o qual afirma que cada indivíduo tem um peso corporal natural ou "ponto de ajuste" que o corpo tenta manter automaticamente. Esse peso é determinado por uma combinação de fatores genéticos, biológicos e ambientais.

Afinal, o emagrecimento envolve três fases principais: ativa, de platô e de manutenção. O que isso significa?

Na fase ativa, tudo é novo e empolgante. As roupas ficam mais largas, recebemos elogios e estamos cheios de energia. Em seguida, vem a fase do platô, quando o corpo percebe que já perdemos uma quantidade relevante de gordura. Neste ponto, o corpo entra em modo de conservação, buscando reconstruir suas reservas de gordura, como uma poupança, depois de ter sido retirado em excesso. É como se ele dissesse: "Pare! Preciso restaurar minha reserva".

A fase do platô ocorre logo após a fase ativa, e assim como a primeira fase, varia em tempo e duração. Aqui é quando estratégias como mudanças na dieta se tornam necessárias para sair desse período de estagnação. Embora seja comum sentir desânimo durante essa fase, é possível iniciar uma nova fase ativa de emagrecimento.

Por fim, há a fase de manutenção, que é muito subestimada, mas essencial para o sucesso a longo prazo. Durante essa fase, estabilizamos nosso peso, com uma pequena variação aceitável de alguns quilos para cima ou para baixo, geralmente 2 kg. Precisamos vê-la como parte integral do processo. Se a encararmos como se fosse o fim da jornada e relaxarmos, corremos o risco de reganhar o peso perdido.

A fase de manutenção do peso é difícil por várias razões. Uma delas é a falta de novidade; você já está mais magro, as pessoas não comentam mais sobre sua perda de peso, e suas roupas já são de tamanhos menores. Nesse estágio, a comida parece mais tentadora, e é fácil acabar escorregando em hábitos alimentares menos saudáveis. Mas a manutenção do peso é como escovar os dentes — deve ser feita diariamente.

Joana, após seis meses de esforço contínuo, enfrentou um platô que durou quatro semanas. Ela utilizou esse período para revisar seu plano alimentar com a ajuda de seu nutricionista e ajustou sua rotina de exercícios, aumentando a intensidade das sessões de treinamento. Esse ajuste reativou seu processo de emagrecimento e a ajudou a entrar na fase de manutenção com estratégias renovadas.

Estudos científicos mostram que, embora perder peso possa ser alcançado de várias maneiras, manter o peso perdido é consideravelmente mais desafiador. Eu gosto de comparar a manutenção do peso a subir uma escada rolante ao contrário — uma tarefa extremamente difícil que requer atenção constante. De fato, pesquisas recentes publicadas na revista médica de renome *New England Journal of Medicine* indicam que, para manter o peso, é necessário um aumento grande na quantidade de atividade física semanal. Enquanto na fase de perda de peso são recomendados entre 150 a 200 minutos de atividade física por semana, na fase de manutenção esse número sobe para cerca de 300 minutos!

Nesta fase, precisamos monitorar a balança com mais frequência — pelo menos a cada dois dias —, porque pode variar bastante e é importante ficar atenta para evitar um possível reganho de peso. Considere agendamentos regulares com um nutricionista e, possivelmente, um endocrinologista para revisar seu plano alimentar e estado hormonal. Esses profissionais podem ajudar a identificar necessidades nutricionais que mudam com o tempo e indicar ajustes em seu plano de exercícios conforme necessário para se adequar às suas condições de saúde e objetivos de longo prazo.

No entanto, após a fase ativa de perda de peso e o platô, você ainda tem a opção de entrar na fase de manutenção ou de iniciar um novo ciclo de emagrecimento, dependendo de seus objetivos pessoais. Vários fatores, como níveis de estresse, padrões alimentares e de atividade física, vão influenciar essa decisão. Lembre-se sempre de que o objetivo é perder gordura, não músculo, e isso requer um esforço contínuo e consciente.

Claro, é comum que haja uma perda de massa muscular, mas o ideal é que seja o mínimo possível, pois os músculos são muito importantes para o nosso metabolismo. Ao contrário da gordura, que é um tecido inerte, o músculo é metabolicamente muito mais ativo e consome mais energia. Quando uma pessoa emagrece, não é porque ela perde as células de gordura, mas sim porque essas células diminuem de volume.

Então, sendo a fase de manutenção do peso geralmente a mais difícil de todas, aqui estão 10 dicas práticas para tornar essa etapa mais tranquila:

1. Estabeleça claramente as razões pelas quais você deseja pesar X kg. Entrar num jeans 38 pode parecer um ótimo motivo, mas se aprofundarmos, talvez a real motivação seja voltar a se sentir confiante.

2. Identifique quais situações podem ser desafiadoras e desenvolva estratégias para lidar com elas. Por exemplo, evite situações que costumam levar a excessos alimentares (pelo menos no início do seu processo).

3. Mantenha uma rede de apoio familiar e social. Fazer grupo de "desafios", chamar uma companhia para praticar atividade com você, achar programas que não envolvam apenas comer ou beber.

4. Continue o acompanhamento profissional. Não é porque "chegou lá" que está resolvido. Tenha em mente que existe um início e um meio, depois outro meio, seguido de mais um, e então... mais um meio. Quero dizer com isso que não existe uma linha de chegada, até porque você já não é a mesma pessoa de quando iniciou o processo.

5. Pratique uma alimentação consciente, utilizando técnicas como o "*Mindful Eating*" para desfrutar dos alimentos sem excessos.

6. Mantenha uma rotina regular de atividade física, lembrando-se de que na fase de manutenção ela é ainda mais importante.

7. Pese-se regularmente para acompanhar o progresso e estar ciente de qualquer mudança de peso.

Obs: Aqui faço um adendo. A maioria dos pacientes não gosta de se pesar, preferindo a atitude de "Ah, prefiro não saber". Tenha em mente que se trata apenas de um número, e esse número não te define. Se não soubermos de onde estamos partindo, não saberemos para onde estamos indo. No entanto, se mesmo assim, com todas essas considerações, o processo de pesagem for traumático para você, use um parâmetro diferente para se "medir", como uma roupa que esteja apertada e vista-a semanalmente para acompanhar sua evolução.

8. Mantenha-se ocupado para evitar o tédio, que muitas vezes leva a comer desnecessariamente.
9. Confie em si mesmo e reconheça suas conquistas ao longo do processo. Celebrar o progresso alcançado é um grande motivador para continuar mantendo-se magra.

Seguindo essas dicas e mantendo um compromisso consigo mesmo, você irá enfrentar os desafios da fase de manutenção com absoluto sucesso!

À medida que encerramos nossa jornada pelo capítulo do temido "Efeito Platô", é fundamental reforçar que cada etapa do seu caminho para uma vida mais saudável é uma vitória. A fase de manutenção, apesar de ser desafiadora, é uma celebração do seu compromisso contínuo com sua saúde e bem-estar. Lembre-se de que os obstáculos que você enfrenta não são barreiras, mas sim degraus na escada do seu progresso pessoal. Encare-os com coragem e uma dose renovada de determinação a cada dia.

Embora este capítulo possa parecer o final de uma parte significativa da sua jornada, na verdade, ele é apenas um ponto de partida para explorar outros aspectos fundamentais de um estilo de vida saudável. No capítulo seguinte, mergulharemos em um tema igualmente essencial para o emagrecimento sustentável: a importância do sono. O sono não é apenas um período de descanso, mas uma ferramenta poderosa que influencia diretamente sua saúde física e mental, o metabolismo e, por extensão, sua capacidade de manter o peso ideal. Prepare-se para entender como um sono de qualidade pode ser o grande aliado do seu corpo na luta contra o ganho de peso e na promoção de uma vida mais saudável e equilibrada. Veremos como noites bem dormidas podem ser a chave para revitalizar seu corpo e mente, trazendo novas energias para enfrentar os desafios que cada novo dia traz.

Capítulo 8

Por Que Dormir É Essencial?

Dormir é essencial para a nossa saúde em geral, apesar de muitas vezes subestimarmos a sua importância. Embora haja variações entre indivíduos quanto à quantidade de sono necessária, em média, as organizações de saúde recomendam um adulto dormir de seis a oito horas por noite.

Por que dormir é tão importante? Bem, para entender isso, podemos olhar para o quadro do Iceberg, na página seguinte, que ilustra como muitos aspectos de nossa saúde estão interconectados, incluindo o sono.

A insônia, por exemplo, está associada a uma série de problemas, como comer emocional, escolhas alimentares de baixa qualidade, estresse, depressão e disfunção hipotalâmica. Além disso, uma noite mal dormida afeta os níveis hormonais. Por exemplo, a insônia pode diminuir os níveis de leptina, o hormônio responsável pela saciedade, e aumentar os níveis de grelina, que estimula a fome. Essas alterações hormonais podem também aumentar os níveis de cortisol, conhecido como o hormônio do estresse, e piorar a resistência à insulina. (Abordaremos cada um desses hormônios em um capítulo futuro). Quando essa orquestra hormonal sai do equilíbrio, o resultado é ganho de peso. Basta uma noite mal dormida para termos um aumento do apetite no dia seguinte em torno de 250 kcal.

Dormir mal também pode levar a uma piora na resistência à insulina, o que aumenta o risco de desenvolver diabetes tipo 2, bem como um maior risco de hipertensão. A fadiga, o estresse, a ansiedade e a depressão também são comuns em pessoas que não dormem o suficiente.

Para melhorar a qualidade do sono, aqui estão algumas dicas úteis:

- Desligue dispositivos eletrônicos pelo menos 30 minutos antes de dormir, preferencialmente 2 horas antes. Isso ajuda a reduzir a exposição à luz azul, o que pode atrapalhar o sono.
- Troque a luz branca por luz amarela, pois isso ajuda a preparar o corpo para o sono.
- Um banho morno relaxante antes de dormir é uma boa pedida.
- Ouça músicas relaxantes para ajudar a acalmar a mente.
- Evite beber grandes quantidades de líquidos antes de dormir para evitar interrupções frequentes para ir ao banheiro durante a noite.
- Tome chás relaxantes, como camomila, erva-doce ou mulungu, em vez de bebidas com cafeína (em torno de 2h antes).

- Evite bebidas termogênicas, como café, chá preto e refrigerantes à base de cola, à noite, pois podem interferir no sono.
- Experimente técnicas de respiração e relaxamento antes de dormir para ajudar a acalmar a mente e o corpo.
- Estabeleça uma rotina regular de sono, indo para a cama e acordando no mesmo horário todos os dias.
- Tenha um ambiente mais refrigerado para dormir.
- Gotinhas de óleo de lavanda na sola dos pés ou atrás da orelha são bem-vindas.
- O quarto deve estar completamente escuro, uma vez que a presença de luz inibe a melatonina. Uma boa maneira de saber se está escuro o suficiente é passar sua mão na frente do rosto. Se conseguir vê-la, não está escuro o suficiente.

Se, mesmo após tentar essas estratégias, você ainda tiver dificuldades para dormir, não hesite em procurar ajuda médica.

Capítulo 9

Hormônios - Nossos Poderosos Aliados

Como endocrinologista, preciso falar sobre os principais hormônios, muitos dos quais ainda não são amplamente conhecidos pelo público em geral. É importante ter pelo menos uma compreensão básica de como esses hormônios funcionam e de como estão relacionados a diferentes condições de saúde, para que você possa reconhecer os sintomas de possíveis distúrbios hormonais e buscar ajuda médica mais direcionada.

Quando se trata de emagrecimento, os hormônios são peça-chave. Por exemplo, o hipotálamo é uma glândula no cérebro intimamente envolvida no controle da fome e da saciedade. A inflamação crônica do hipotálamo pode levar à resistência à leptina, um dos hormônios importantes envolvidos na regulação do peso e da saciedade.

Testosterona

A testosterona é um hormônio anabólico que mantém e promove o crescimento da massa muscular. A massa muscular é metabolicamente ativa, ou seja, quanto mais músculos uma pessoa tem, maior é o seu metabolismo basal. Isso significa que eles queimam mais calorias em repouso. Em homens, níveis adequados de testosterona ajudam a manter a composição corporal ideal, promovendo a queima de gordura e o ganho de músculo.

Nas mulheres, a testosterona também é importante, mas em menor quantidade. Deficiências de testosterona podem levar ao aumento de gordura corporal, principalmente na região abdominal, e à redução da massa muscular, dificultando o processo de emagrecimento.

Cortisol

O cortisol é um hormônio crucial na resposta ao estresse e na regulação do metabolismo. Em situações de estresse agudo, o cortisol ajuda o corpo a mobilizar energia rapidamente, aumentando os níveis de glicose no sangue. No entanto, o estresse crônico leva a níveis elevados de cortisol por períodos prolongados, o que pode resultar em efeitos negativos, tais como:

- Aumento do apetite e do desejo por alimentos ricos em açúcar e gordura.
- Aumento do armazenamento de gordura abdominal, que está associado a maiores riscos metabólicos.

- Catabolismo muscular, em que o corpo quebra o tecido muscular para obter energia, diminuindo assim a taxa metabólica basal.
- Resistência à insulina, contribuindo para o desenvolvimento de obesidade e diabetes tipo 2.

Leptina

A leptina é produzida pelos adipócitos (células de gordura) e atua no hipotálamo para regular a saciedade e o balanço energético. Quando os níveis de gordura corporal aumentam, a produção de leptina também aumenta, sinalizando ao cérebro que há reservas de energia suficientes, reduzindo o apetite e aumentando o gasto energético. No entanto, em pessoas com obesidade, pode ocorrer resistência à leptina. Isso significa que, apesar dos altos níveis de leptina, o cérebro não recebe o sinal de saciedade corretamente, levando ao consumo alimentar excessivo e à dificuldade de emagrecer. Além disso, a resistência à leptina está associada a inflamação crônica e disfunção metabólica.

Grelina

A grelina, produzida principalmente no estômago, estimula o apetite agindo no hipotálamo. É conhecida como o "hormônio da fome" porque seus níveis aumentam antes das refeições e diminuem após comer. A grelina também desempenha um papel na regulação do balanço energético e na distribuição de gordura. Em pessoas que estão tentando perder peso, os níveis de grelina podem aumentar, tornando mais difícil a adesão a dietas hipocalóricas e contribuindo para o efeito rebote. Além de aumentar o apetite, a grelina pode influenciar a eficiência com que o corpo armazena gordura, tornando o emagrecimento mais desafiador.

Hormônios Tireoidianos

Os hormônios tireoidianos, especialmente T3 (triiodotironina) e T4 (tiroxina), são cruciais para a regulação do metabolismo basal. Eles influenciam:

- A velocidade com que o corpo queima calorias.
- A termogênese, que é a produção de calor no corpo.
- A síntese de proteínas e o crescimento celular.

O *hipotireoidismo* (baixa produção de hormônios tireoidianos) pode levar a um metabolismo mais lento, ganho de peso, fadiga e dificuldade para perder peso. Sintomas comuns incluem sensação de cansaço, ganho de peso inexplicável e intolerância ao frio. Já o *hipertireoidismo* (excesso de hormônios tireoidianos) acelera o metabolismo, podendo causar perda de peso rápida (mas esse peso muitas vezes é músculo, e não gordura), aumento da frequência cardíaca e intolerância ao calor. Ambas as condições requerem tratamento adequado para manter o metabolismo e o peso corporal equilibrados.

Esses hormônios têm interações complexas e influenciam significativamente a regulação do apetite, o armazenamento de gordura e a taxa metabólica, desempenhando papéis cruciais no processo de emagrecimento e na manutenção do peso corporal saudável.

Ana, uma jovem de 29 anos, procurou meu consultório com queixas de ganho de peso inexplicável, cansaço constante e intolerância ao frio. Apesar de seguir uma dieta saudável e praticar exercícios regularmente, ela não conseguia perder peso.

Após realizar exames de sangue, diagnosticamos Ana com hipotireoidismo, uma condição em que a glândula tireoide não produz hormônios suficientes, deixando o metabolismo mais lento.

Expliquei a Ana que ela precisaria tomar medicamentos para substituir o hormônio tireoidiano e regular seu metabolismo.

Depois de alguns meses de tratamento e ajustes na dieta, Ana começou a notar melhorias significativas. Seu peso estabilizou, ela se sentia mais energizada e sua pele e cabelos estavam mais saudáveis. Com o metabolismo regulado, ela conseguiu manter um peso saudável e se sentiu mais confiante e feliz.

Diferentemente da Ana, Carla, uma mulher de 42 anos, veio ao meu consultório preocupada com uma perda de peso rápida e não intencional, palpitações, ansiedade e intolerância ao calor.

Com os exames de sangue e uma análise física, diagnosticamos Carla com hipertireoidismo, uma condição em que a glândula tireoide produz hormônios em excesso. Expliquei que, embora a perda de peso rápida pudesse parecer positiva, estava prejudicando sua saúde gera

Carla percebeu a importância de monitorar sua saúde hormonal e continuar com o acompanhamento médico regular para manter seu bem-estar geral.

Resistência Insulínica

É muito gratificante poder explicar um pouco sobre a resistência insulínica, pois muitos pacientes se identificam com essa condição e compreendem melhor o que estão enfrentando.

Primeiro, vamos falar sobre a insulina. Sempre que a glicose entra em nosso corpo, o pâncreas é ativado e produz insulina. Para simplificar, vamos imaginar que uma unidade de glicose requer uma unidade de insulina para ser processada e fornecer energia à célula.

No entanto, quando há resistência insulínica, o pâncreas produz mais insulina do que o necessário. Por exemplo, se consumirmos uma unidade de glicose, o pâncreas pode produzir quatro unidades de insulina. Esse excesso de insulina resulta em um quadro de resistência e, com o tempo, o pâncreas fica exausto devido a essa sobrecarga na produção de insulina, o que aumenta o risco de desenvolver diabetes no futuro.

A presença de níveis elevados de insulina também está associada a outras condições, como aumento de triglicerídeos, síndrome dos ovários policísticos e esteatose hepática.

Esse desequilíbrio na produção de insulina pode levar ao acúmulo de gordura na região abdominal, sendo um dos sintomas mais evidentes, assim como a *acantose nigricans*, caracterizada pelo escurecimento em áreas de dobra da pele.

Maria, uma professora de 45 anos, veio ao meu consultório frustrada com sua luta constante contra o peso desde a adolescência. Apesar de seguir dietas rigorosas e manter uma rotina de exercícios, ela via pouca perda de peso. Recentemente, Maria começou a sentir um cansaço extremo, ganhar peso principalmente na região abdominal e notar manchas escuras nas dobras do pescoço e axilas.

Após uma conversa detalhada sobre seus sintomas e histórico médico, solicitei uma série de exames de sangue. Os resultados mostraram que Maria tinha resistência à insulina.

Expliquei que, para melhorar sua condição, ela precisava seguir uma dieta com baixo índice glicêmico para estabilizar os níveis de glicose no sangue. Prescrevi metformina, um medicamento que melhora a sensibilidade à insulina, e recomendei um programa de exercícios regulares que incluía tanto atividades aeróbicas quanto exercícios de resistência.

Determinada, Maria seguiu todas as orientações. Seis meses depois, ela começou a notar mudanças significativas: a gordura abdominal reduziu, as manchas escuras clarearam e ela se sentia mais disposta. Maria finalmente estava no caminho certo para alcançar um peso saudável e sustentável.

Entender o papel crucial dos hormônios no emagrecimento é fundamental para alcançar e manter um peso saudável. Como vimos nos casos de Maria, Ana e Carla, desequilíbrios hormonais podem apresentar desafios significativos, mas com o diagnóstico correto e o tratamento adequado, é possível superar esses obstáculos e alcançar seus objetivos.

Se você está enfrentando dificuldades no seu processo de emagrecimento, lembre-se de que pode haver fatores hormonais em jogo. Procurar a ajuda de um profissional de saúde é um passo importante para obter um diagnóstico preciso e um plano de tratamento personalizado. O objetivo deste capítulo não é substituir um diagnóstico médico, mas sim alertar sobre sinais que podem indicar a necessidade de procurar ajuda profissional.

No próximo capítulo, abordaremos a curva glicêmica, um conceito essencial para entender como diferentes alimentos e a ordem em que são consumidos afetam o metabolismo da glicose. Esse conhecimento ajudará a otimizar suas escolhas alimentares e a controlar melhor seu apetite e peso. Veremos como a curva glicêmica pode ser usada como uma ferramenta poderosa para promover uma alimentação mais saudável e eficaz no seu processo de emagrecimento.

Capítulo 10

A Curva Glicêmica

A curva glicêmica representa as variações dos níveis de glicose no sangue após a ingestão de alimentos. É um indicador essencial para entender como diferentes alimentos e a ordem em que são consumidos afetam o metabolismo da glicose, com implicações importantes para a gestão do peso, controle do apetite e prevenção de doenças metabólicas.

Entendendo a Curva Glicêmica

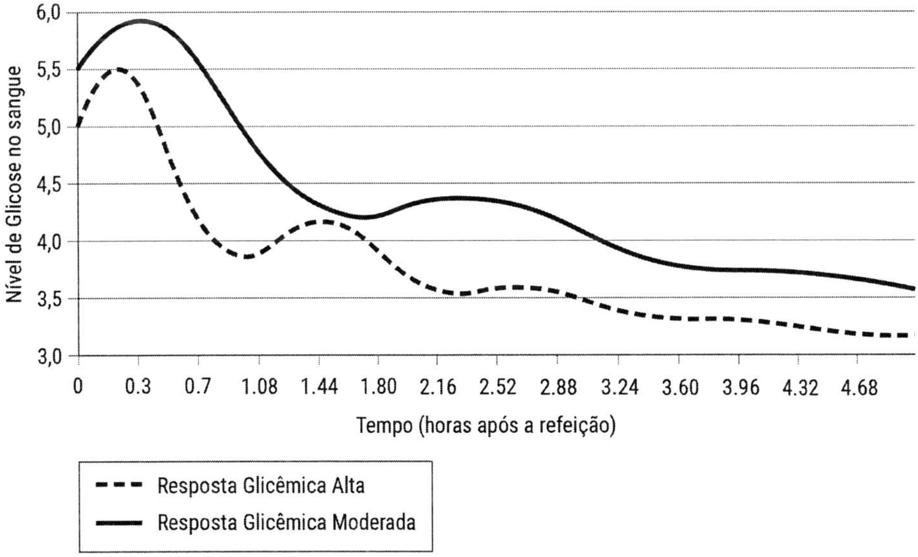

Aqui está a representação gráfica da curva glicêmica:

- **Resposta Glicêmica Alta**: Representada pela curva contínua, mostra o aumento rápido e acentuado nos níveis de glicose no sangue após a ingestão de carboidratos simples, seguido por uma queda abrupta.
- **Resposta Glicêmica Moderada:** Representada pela curva tracejada, demonstra um aumento mais gradual e sustentado nos níveis de glicose no sangue após a ingestão de carboidratos complexos, fibras, proteínas e gorduras, evitando picos e quedas acentuadas.

Esse gráfico ilustra como diferentes tipos de alimentos e combinações podem impactar os níveis de glicose no sangue ao longo do tempo, ajudando a entender a importância da escolha dos alimentos para a saúde e o controle do peso.

A curva glicêmica nos ajuda a visualizar como os níveis de glicose no sangue variam após a ingestão de alimentos. Esse conceito é fundamental para compreender o impacto dos diferentes tipos de alimentos no nosso organismo e na nossa saúde metabólica. Vamos explorar os três principais estágios da curva glicêmica:

- *Pico Glicêmico*: Após a ingestão de alimentos, especialmente aqueles ricos em carboidratos, os níveis de glicose no sangue aumentam, atingindo um pico que reflete a rapidez e a quantidade de açúcar liberada na corrente sanguínea.
- *Resposta Insulínica*: Em resposta ao aumento da glicose, o pâncreas secreta insulina, que ajuda a transportar a glicose para dentro das células, sendo utilizada como energia ou armazenada. Um pico acentuado na glicose geralmente leva a uma res-

posta insulínica elevada, o que pode, com o tempo, contribuir para a resistência à insulina e diabetes tipo 2.

- *Retorno à Basal*: Após o pico, os níveis de glicose gradualmente diminuem e retornam ao seu nível basal, o que idealmente deve ocorrer de maneira suave e estável, sem quedas abruptas que podem levar a fome e ao consumo excessivo de alimentos.

Achatamento da Curva Glicêmica

O "achatamento" da curva glicêmica refere-se à estratégia de consumir alimentos de uma maneira que resulte em um aumento mais moderado e sustentado nos níveis de glicose, evitando picos e quedas acentuados. Isso pode ser influenciado pela composição dos alimentos, pela combinação de macronutrientes e pela ordem em que são consumidos.

Influência da Ordem Alimentar

A ordem em que consumimos os alimentos pode ter um impacto significativo na resposta glicêmica do nosso corpo. Ao entender como a sequência dos alimentos influencia os níveis de glicose no sangue, podemos adotar estratégias alimentares mais eficazes para manter a glicemia estável, controlar o apetite e promover a saúde metabólica. A seguir, exploramos como diferentes alimentos e a sua ordem de consumo afetam a curva glicêmica.

- *Fibras*: Alimentos ricos em fibras, quando consumidos no início da refeição, podem formar uma matriz que retarda a digestão e absorção de carboidratos, contribuindo para um aumento mais gradual na glicose. Exemplos: brócolis, cenoura, feição, maça com casca, quinoa, etc.

- *Proteínas e Gorduras Antes dos Carboidratos*: Ingerir alimentos ricos em proteínas e gorduras antes dos carboidratos pode reduzir a resposta glicêmica total da refeição. Proteínas e gorduras têm um efeito mínimo sobre os níveis de glicose e podem retardar o esvaziamento gástrico, resultando em uma liberação mais lenta de glicose dos carboidratos ingeridos posteriormente. Exemplos: ovos cozidos, peito de frango grelhado, abacate, iogurte natural, queijo cottage, etc.
- *Alimentos de Baixo Índice Glicêmico (IG)*: Escolher alimentos com baixo IG para começar a refeição pode também ajudar a moderar a resposta glicêmica, pois esses alimentos liberam glicose mais lentamente no sangue. Exemplos: lentilhas, grão-de-bico, aveia, batata-doce, frutas vermelhas, etc.

Estratégias para o Achatamento da Curva Glicêmica

1. *Iniciar as Refeições com Vegetais e Saladas*: Ricos em fibras e nutrientes, eles podem ajudar a reduzir a velocidade de absorção dos carboidratos.
2. *Seguir com Proteínas e Gorduras Saudáveis*: Consumir uma fonte de proteína magra ou gorduras saudáveis (como abacate ou nozes) antes dos carboidratos pode ajudar a estabilizar os níveis de glicose.

3. *Escolha de Carboidratos Complexos*: Prefira grãos integrais e alimentos ricos em fibras em vez de carboidratos refinados e processados.
4. Por fim, *Carboidratos Simples* (incluindo doces e frutas): Consuma-os por último para minimizar o impacto na glicemia.

Adotar essas práticas pode ajudar a manter os níveis de glicose mais estáveis, melhorar a saciedade, reduzir o risco de desenvolver resistência à insulina e contribuir para uma gestão de peso mais eficaz. Ao educar sobre a curva glicêmica e a importância da ordem alimentar, você fornece uma ferramenta valiosa para uma abordagem mais consciente e saudável da alimentação.

Entender a curva glicêmica e como ela é influenciada pelos alimentos que consumimos é um passo crucial para a gestão eficaz do peso e a manutenção da saúde metabólica. Ao adotar estratégias que ajudam a achatar a curva glicêmica, podemos evitar picos e quedas bruscas nos níveis de glicose no sangue, o que promove uma sensação de saciedade mais prolongada, reduz o risco de resistência à insulina e diabetes tipo 2, e facilita a perda e manutenção do peso.

O Mauro descobriu que estava diabético com 30 kg acima do seu peso ideal e ainda assim bebia cerveja quase que diariamente. Sendo empresário e vivendo sobre grande estresse, essa fuga para a bebida ao fim da tarde era sua escolha de "relaxamento" e não estava disposto a comer frango e salada "sem graça". Começamos cuidando do sono, ajustando gradativamente sua alimentação, consumo de água e atividade física para aliviar o estresse. Com isso, vimos gradualmente seu índice glicêmico sendo normalizado a ponto reverter seu quadro de diabetes. Isso mostra que, independente da sua situação atual, e do resultado dos seus exames clínicos, aplicando as mudanças necessárias de forma progressiva e constante, pode se alcançar grandes feitos. Por isso, nada de perder a esperança.

Talvez você esteja pensando que "não tem essa força de vontade". No próximo capítulo, discutiremos por que confiar apenas na força de vontade não é suficiente para alcançar e manter um peso saudável.

Capítulo 11

Força de Vontade Não Funciona

Muitas pessoas, apesar de terem força de vontade, sentem-na desaparecer rapidamente, logo nas primeiras tentativas.

Isso acontece porque nossos receptores têm uma capacidade de saturação própria. Se ultrapassarmos esse limite, nosso corpo tende a buscar mais e mais. Um exemplo disso é quando chega o fim da tarde, momento em que algumas emoções podem sabotar nossos esforços. Após passar o dia tentando seguir uma dieta, é comum chegar a esse período e sentir uma grande fome, acabando por consumir uma quantidade excessiva de alimentos.

Essa situação é geralmente causada pela falta de uma alimentação balanceada ao longo do dia. Por exemplo, algumas pessoas aderem à moda de evitar o consumo de carboidratos, mas acabam enfrentando um "efeito rebote" no fim da tarde. Isso é um efeito da restrição excessiva.

Somos seres humanos sujeitos a diversas circunstâncias do dia a dia. Mesmo com a melhor das intenções, eventos como problemas familiares ou situações estressantes no trabalho podem facilmente nos levar a buscar conforto na comida como uma forma de recompensa.

No entanto, quando estamos preparados, com um plano de ação e um método definido, torna-se muito mais fácil manter-se na trilha desejada. Então, quando digo que a força de vontade não funciona, não estou desvalorizando sua importância. Pelo contrário, reconheço que ela é fundamental, mas precisa ser cultivada, trabalhada e lapidada diariamente, assim como cuidamos de outras áreas das nossas vidas. A força de vontade te faz começar, mas a disciplina é o que mantém você no novo hábito.

As distrações e situações inesperadas que surgem durante o dia podem nos tirar facilmente do caminho que planejamos. Quando isso acontece, a sensação de frustração pode ser avassaladora, levando-nos a pensar que não somos capazes de fazer nada certo. Essa mentalidade pode até mesmo nos levar a adiar nossos objetivos, pensando em retomá-los apenas em algum momento futuro.

Precisamos nos preparar para enfrentar esses desafios diários, assim como nos preparamos para uma jornada no deserto. Se concordarmos em fazer uma viagem para o deserto daqui a 10 anos, precisamos nos preparar gradualmente. Isso inclui cuidar da nossa saúde, garantir que estejamos em boa forma física, adotar hábitos saudáveis ao longo do tempo e, no momento certo, arrumar as malas e desfrutar do passeio. Requer planejamento e dedicação por um determinado período.

Agora, se eu contar apenas com a força de vontade, mas não me organizar para comprar alimentos saudáveis, preparar refeições com antecedência e estabelecer uma rotina de exercícios, é provável que eu falhe. É como dizer que vou fazer atividade física, mas não defino quando, onde ou como. Nesse caso, a chance de realmente começar a fazer exercícios é praticamente zero.

Uma maneira de acompanhar e avaliar seu progresso é por meio de um diário alimentar ou planner, onde poderá registrar sua ingestão de alimentos, atividades físicas, consumo de água, sentimentos e outros aspectos que influenciam no processo de emagrecimento.

Por meio desse acompanhamento, poderá ajustar suas expectativas e avaliar se sua estratégia está funcionando. Se você se desviar do plano, ainda pode perceber seu progresso e fazer as correções necessárias para seguir em frente.

Mindful Eating

Vou trazer uma experiência tangível, que transcende o entendimento puramente conceitual.

Pegue dois pedaços de chocolate. Coma o primeiro da maneira habitual. Se desejar, faça uma pausa na leitura, coma o chocolate como costuma fazer e, em seguida, observe seu padrão de consumo.

Feito? Ok. Agora, o segundo pedaço será consumido de forma mais consciente. Observe como essa experiência difere da primeira.

Antes de comer, examine o chocolate, observe detalhes como textura, cor e até mesmo a sensação ao tocar a pele dos seus dedos. Permita-se sentir todas as emoções e memórias evocadas por esse alimento.

Pense em toda a trajetória desse chocolate até chegar às suas mãos: a plantação de cacau, os trabalhadores, a energia, o clima, a terra e o sol envolvidos em seu cultivo, assim como o cuidado dedicado em cada etapa da sua produção.

Agora, ao comer o chocolate, deixe-o derreter lentamente na boca e aprecie o seu sabor. Observe como sua textura e sabor mudam à medida que se decompõe, permanecendo atenta a cada sensação e pensamento que surgir. Se desejar, pode mordê-lo, mas o convite é aprofundar a experiência, envolvendo todos os sentidos e convidando a mente a estar totalmente presente, sem distrações.

Quais emoções emergem durante essa experiência? Quais pensamentos se manifestam? Como o seu corpo responde? Essa prática nos convida a explorar além do simples ato de comer chocolate. Ela abrange nossa história pessoal e todas as sensações que surgem nesse momento.

Após comer o segundo pedaço, reserve um momento para refletir sobre as diferenças entre as duas experiências: a habitual e a consciente. Como seria nossa alimentação se sempre cultivássemos essa atenção plena? Como você pode perceber, mesmo um nível um pouco mais elevado de consciência pode transformar nossa relação com a comida e a experiência de se alimentar.

Reserve pelo menos um momento por semana para se alimentar dessa maneira. Não precisa ser uma refeição completa, apenas alguns minutos de atenção plena durante o café da manhã ou um lanche da manhã já são suficientes. É uma habilidade que se desenvolve com o tempo. Quanto mais treinarmos, mais natural se tornará.

Não significa que cada refeição será realizada com essa mesma atenção. No entanto, gradativamente, o estado automático será substituído por essa presença mais consciente e cada pedaço de comida se tornará cada vez mais satisfatório.

Mindfulness

Então, nós já realizamos nossa prática de alimentação consciente e nossa prática com o chocolate. Agora, vamos começar a entender mais sobre o Mindfulness e como cultivá-lo.

O Mindfulness é uma técnica de meditação, mas também é um estilo de vida, uma consciência que surge quando direcionamos nossa atenção para o momento presente, adotando uma postura interna de abertura, curiosidade e aceitação, não julgamento e gentileza.

O mais importante é a forma como nos relacionamos com nosso mundo interno e externo, e é isso que cultivamos com o Mindfulness. Trata-se de uma habilidade que desenvolvemos por meio de prática e treinamento. Quando praticamos nossa meditação, estamos criando um estado mental. Quanto mais cultivamos esse estado, mais ele se fortalece e se torna nosso modo natural de interagir com o mundo.

As habilidades cultivadas na meditação gradualmente se tornam nosso padrão de comportamento. Isso faz uma grande diferença, pois muitos de nossos comportamentos e hábitos mentais e emocionais são automáticos. Se não estamos conscientes do que está acontecendo, não temos a capacidade de transformar ou modificar esses padrões, pois estamos apenas reagindo.

Portanto, ao praticar o Mindfulness, estamos saindo do modo inconsciente, compreendendo como as coisas funcionam e adotando um modo mais responsivo, saindo da reação para a resposta.

Então, quando algo acontece na minha vida, surge aquela emoção automática, aquela vontade instantânea... mas, espera aí, essa não é a melhor forma de lidar com isso, não é o caminho que quero seguir, não é o que me trará mais benefícios. Qual é a abordagem que desejo para lidar com essa situação, essa emoção, esse medo? É isto que cultivamos no Mindfulness: a capacidade de responder às situações.

Essa capacidade é desenvolvida por meio da nossa prática de meditação. Gosto de pensar na meditação como uma academia para o cérebro. Assim como nos exercitamos fisicamente na academia, na meditação realizamos exercícios mentais. Hoje em dia, temos muitos estudos científicos que comprovam os benefícios da meditação e foi a partir dessas pesquisas que ela se expandiu para diversas áreas, inclusive a medicina.

Ao cultivarmos esse estado mental por meio da meditação, estamos alterando a estrutura física do nosso cérebro. Com o tempo, conseguimos perceber mudanças visíveis nessa estrutura, inclusive por meio de exames de ressonância magnética, e, claro, através dos nossos comportamentos.

Por exemplo, quando algo acontece e nos sentimos ansiosos ou frustrados, qual é nossa reação automática? Algumas pessoas choram, outras ficam com raiva. São comportamentos automáticos. Porém, ao desenvolvermos o Mindfulness, aprendemos a escolher conscientemente como responder. Isso é ainda mais relevante quando falamos sobre emagrecimento, pois muitos dos nossos gatilhos emocionais estão relacionados aos nossos hábitos alimentares.

Quando conseguimos perceber esse espaço entre o estímulo e a resposta automática, temos a oportunidade de escolher nosso comportamento. Não apenas reagimos de forma automática, mas nos permitimos, com o tempo, transformar a situação.

Quando praticamos meditação, nosso objetivo não é necessariamente transformar algo, mas sim observar como nos sentimos e como agimos diante das situações. A transformação ocorre em seu próprio tempo e direção. Temos a opção de permanecer ali, observando as coisas e direcionando um pouco.

No início, ao trabalharmos na mudança de comportamento, geralmente não conseguimos alterá-lo imediatamente, mas primeiro nos tornamos conscientes e observamos o que estamos fazendo. Gradualmente, começamos a perceber quando estamos nos perdendo e nos vemos prestes a cair no buraco. Com o tempo, conseguimos antecipar e evitar cair no buraco, tomando um novo rumo.

Na prática de Mindfulness, geralmente usamos uma âncora, como a respiração ou os sons, para manter nossa atenção. Nosso objetivo é mantê-la ali, mas ela inevitavelmente se distrai. Quando isso acontece, simplesmente notamos que nossa atenção se desviou e a trazemos gentilmente de volta. Ao fazer isso, fortalecemos nossa atenção e também trabalhamos os mecanismos de regulação emocional, fortalecendo nossa capacidade de lidar com nossas emoções.

O controle total não faz parte da nossa prática. Não temos a habilidade de controlar as emoções, assim como não controlamos os pensamentos, pois eles são automáticos. O que fazemos é manejar esses eventos automáticos que surgem em nossa experiência. Em nenhum momento da nossa prática tentamos esvaziar a mente ou parar de pensar. O cérebro, como órgão, pensa e produz pensamentos. Nossa única liberdade está em perceber esses pensamentos e escolher como nos relacionamos com eles. Podemos seguir esses pensamentos como um comando ou simplesmente observá-los e deixá-los passar.

Para isso, precisamos de disciplina e comprometimento. Precisamos encontrar um momento na rotina diária para fazer a nossa prática de meditação, assim como encontramos tempo para a prática de exercícios físicos.

Vamos cair várias vezes, e está tudo bem, faz parte do processo. Simplesmente nos levantamos, sem julgamentos. Nossos julgamentos são automáticos, mas aprendemos a não julgar os julgamentos. Por exemplo, se iniciar a prática e pensar: "*Estou tantos dias sem praticar*", "*Não sei fazer isso*"... Não se condene por estar se julgando. Apenas observe esses pensamentos, deixe que estejam ali e, de preferência, aprenda a responder com gentileza a si mesma.

O natural para nós é responder com críticas, mas estamos aprendendo a ter uma postura interna de amorosidade conosco e com a experiência, e é aí que ocorrerá uma grande transformação.

Porque quando criticamos e julgamos a nós mesmos, as partes do cérebro responsáveis pela aprendizagem se desligam. Ficamos mais emocionais e menos propensos a aprender. Portanto, precisamos aprender a nos tratar com gentileza e observar o que está acontecendo para podermos trabalhar com nosso cérebro em sua totalidade produtiva.

Se estamos desconectados de nossa experiência no momento presente, se não estamos verdadeiramente conscientes do que está acontecendo dentro e fora de nós, as oportunidades de escolha passam despercebidas e continuamos agindo no piloto automático. O *mindfulness* permite se relacionar com tudo de forma mais habilidosa, oferecendo-nos a oportunidade de desenvolver essa habilidade que geralmente não é ensinada na escola ou na vida familiar.

Ao praticarmos essa habilidade, gradualmente nos tornamos nosso novo modo automático. É como se estivéssemos instalando um novo sistema operacional em nosso cérebro, assim como quando nosso celular é atualizado e várias funções mudam.

Nosso objetivo é aprender a reconhecer e explorar outras opções para lidar com ansiedade, medo, frustração e outras emoções que nos levam a comportamentos prejudiciais e causam sofrimento. O objetivo final do mindfulness é identificar como criamos sofrimento em nossas vidas e aprender maneiras de interromper esses padrões automáticos, buscando mais alegria e contentamento!

Durante esse percurso, percebemos que muitos dos nossos padrões de pensamento e emocionais são reciclados ao longo do tempo, sem questionamento. Aprendemos esses padrões em algum momento e os repetimos sem avaliar se ainda nos servem. Precisamos questionar se esses padrões ainda são benéficos para nós e se contribuem para nosso bem-estar atualmente. A prática do mindfulness nos ajuda a discernir isso.

Assim como ir à academia não se resume a apenas observar as pessoas malhando ou ouvir sobre os benefícios dos exercícios, praticar mindfulness também requer ação. Portanto, o convite aqui é o mesmo: realizar a prática regularmente, de preferência diariamente.

Por que diariamente? Porque estamos treinando nosso cérebro, assim como um treino físico. Lembre-se: estamos criando novos caminhos neurais em nosso cérebro e isso demanda repetição!

Pelo menos cinco vezes por semana seria um bom objetivo para desenvolver esse hábito. Devemos encarar isso com disciplina e esforço, assim como cuidamos de nosso corpo todos os dias. É um momento para fazer uma espécie de limpeza mental, avaliando o que serve e o que não o que podemos abrir mão e o que pode nos trazer resultados.

Escolha um momento do dia, como pela manhã ao acordar, durante um intervalo no trabalho ou antes de dormir, e faça desse compromisso uma prioridade.

Durante esse período, direcione sua atenção para a respiração. Quando sua mente se distrair, tudo bem, é o funcionamento normal dela. Simplesmente traga sua atenção de volta.

Para começar nossa prática, se você quiser, pode se sentar em uma cadeira, com as costas retas, ou no sofá. A única coisa indispensável é que o corpo esteja em uma posição confortável que transmita, ao mesmo tempo, um senso de alerta e relaxamento.

Caso sinta vontade, pode fechar os olhos. Se não for confortável, pode encontrar um ponto à frente, ou mesmo no chão, e simplesmente concentrar-se nele.

Vamos começar trazendo a atenção para os sons do ambiente ao redor, percebendo quais mais se destacam. Ouça todos os sons como um só, assim como quando ouvimos uma música. Nós não ouvimos os instrumentos separadamente, certo? Ouvimos a música como um todo. Faremos o mesmo aqui.

Sinta os cheiros do ambiente, o sabor na boca, e observe nosso campo de visão, mesmo se estivermos de olhos fechados. O que vemos quando os olhos estão fechados?

Então, traga sua atenção para o contato do corpo com o solo, percebendo o apoio e suporte fornecido pela Terra. Perceba a sua posição no espaço, a postura, e também note-se da pele para dentro, cada uma das experiências internas que fazem o seu corpo funcionar.

Sinta a musculatura, os ossos, todos os órgãos, incluindo o coração batendo profundamente no peito e a respiração. Permita que o corpo respire por si só, sinta a entrada e saída do ar, o movimento do peito e dos ombros, observe os pulmões se enchendo e esvaziando, e perceba o ritmo da respiração, se é lento, rápido, profundo ou superficial.

Eventualmente, você notará que a atenção se desvia com os estímulos do ambiente, os pensamentos, as preocupações com o passado e o futuro, e está tudo bem. É natural que a mente se disperse. Basta direcionar sua atenção mais uma vez com gentileza, sem julgar a si mesmo, e abandonar qualquer expectativa do que deveria estar acontecendo, simplesmente descansando na experiência presente.

Depois de um tempo, abrimos nossa atenção consciente para incluir também as emoções. Quais emoções estão presentes em nosso coração? Quais sensações físicas sentimos em nosso corpo agora? Quais pensamentos surgem em nossa mente? Tente encontrar esse lugar de observador, no qual você simplesmente vê o que está acontecendo. Quando se envolver com alguma experiência, volte gentilmente sua atenção para a âncora, aquilo que o mantém conectado ao momento presente.

Ao cultivar essa habilidade, aprendemos a lidar com os desafios da vida de uma maneira mais equilibrada e responsiva. É um processo contínuo de autoconhecimento e autotransformação, em que cada momento de prática nos oferece a oportunidade de crescer e encontrar maior paz e contentamento em cada aspecto das nossas vidas, inclusive com os nossos corpos.

Quero encerrar contando a história da Mariana, uma mulher de 35 anos, trabalha como gerente de projetos em uma grande empresa e tem dois filhos pequenos. Sua rotina é exaustiva, dividida entre o trabalho, cuidar dos filhos e as tarefas domésticas. Com tantas responsabilidades, ela frequentemente recorria a alimentos rápidos e pouco saudáveis, principalmente à noite, quando o cansaço e o estresse do dia se acumulavam.

Após uma consulta comigo, Mariana decidiu fazer mudanças significativas em sua vida. Ela foi apresentada às técnicas de mindfulness e alimentação consciente abordadas neste capítulo e resolveu implementá-las em sua rotina.

Mariana começou a praticar mindfulness todos os dias pela manhã, logo após acordar. No início, achou difícil manter o foco e se desligar dos pensamentos sobre o trabalho e as tarefas do dia, mas, com o tempo, essa prática começou a fazer parte de sua rotina. Ela também aplicou a técnica de *mindful eating*. Em vez de devorar rapidamente um lanche enquanto verificava e-mails ou ajudava os filhos, ela passou a dedicar alguns minutos para realmente apreciar a comida. Sua relação com a comida mudou, fazendo escolhas mais saudáveis e sentindo-se mais satisfeita com porções menores.

Mariana adotou o hábito de planejar suas refeições semanais e fazer compras mais conscientes. Preparava refeições saudáveis com antecedência, o que facilitava nos dias corridos. Além disso, usava um diário alimentar para registrar sua ingestão de alimentos, seus exercícios e seus sentimentos, ajudando-a a manter o foco e fazer ajustes quando necessário.

Com o passar dos meses, Mariana notou mudanças significativas. Ela começou a perder peso de maneira saudável e constante, sem dietas restritivas. Sua energia aumentou, e ela se sentia mais presente e menos estressada, tanto no trabalho quanto em casa. A prática de mindfulness ajudou-a a lidar melhor com os desafios diários, tornando-a mais paciente e menos propensa a descontar o estresse na comida.

Outro paciente, o Augusto, veio com a mãe porque era muito ansioso, o que o fazia comer além do necessário, e, em um trabalho multidisciplinar, que envolver acompanhamento psicológico e nutricional, ele descobriu que adorava cozinhar e usou essa habilidade para fazer receitas saudáveis e nutritivas, além de deliciosas. Em um ano, ele emagreceu 30 kg e tem mantido seu peso estável há alguns anos.

Esses relatos ilustram como, mesmo em meio a uma vida corrida, é possível encontrar tempo para práticas que beneficiam a saúde e o bem-estar. Implementar técnicas de mindfulness e alimentação consciente pode transformar não apenas a relação com a comida, mas também a maneira como enfrentamos os desafios diários.

No próximo capítulo, exploraremos o estudo dos macronutrientes e como eles desempenham um papel vital em nossa saúde e bem-estar. Entender a função dos carboidratos, proteínas e gorduras será fundamental para uma alimentação equilibrada e eficaz, proporcionando ao seu corpo o combustível necessário para funcionar de forma otimizada. Veremos como cada um desses nutrientes pode impactar sua jornada de emagrecimento e saúde.

Nosso objetivo é aprender a reconhecer e explorar outras opções para lidar com ansiedade, medo, frustração e outras emoções que nos levam a comportamentos prejudiciais e causam sofrimento.

Capítulo 12

Entendendo os Macronutrientes

Antes de mergulharmos no estudo detalhado dos macronutrientes, é essencial entender a importância de cada um deles para o funcionamento do nosso organismo e seu papel no processo de emagrecimento. Os macronutrientes - carboidratos, proteínas e gorduras - são a base de nossa alimentação, fornecendo a energia necessária para todas as nossas atividades diárias e desempenhando funções vitais em nossos sistemas corporais. Embora muitas dietas modernas tendam a demonizar um ou outro macronutriente, a verdade é que cada um deles tem seu valor e deve ser consumido de maneira equilibrada e consciente.

Neste capítulo, iremos explorar as funções específicas de cada macronutriente, desmistificar alguns mitos comuns e oferecer orientações práticas para incorporá-los de forma saudável e equilibrada em sua dieta. Ao compreender melhor como os macronutrientes funcionam, você estará mais preparado para fazer escolhas alimentares que suportem seus objetivos de saúde e bem-estar a longo prazo.

Carboidratos

Quando o assunto é emagrecimento, é comum associá-lo à redução ou eliminação de carboidratos, principalmente alimentos como arroz, batata, mandioca, polenta, produtos de panificação, bolos, biscoitos, refrigerantes e chocolate.

Certamente você conhece ou já ouviu falar de alguém que adotou dietas *low carb* ou cetogênicas e obteve resultados positivos. Porém, para alcançar o emagrecimento de forma saudável e sustentável, precisamos desenvolver hábitos consistentes. Se não conseguirmos manter a consistência, como quase sempre acontece ao adotar uma dieta muito restritiva ou eliminar todos os carboidratos dos quais gostamos, estaremos sabotando nossos próprios objetivos. Vale ressaltar que existem condições clínicas que requerem restrições específicas, mas o objetivo aqui é abordar o tema de forma geral, não em situações pontuais.

Por isso, precisamos compreender o papel dos carboidratos em nossa dieta. Eles são rapidamente quebrados em glicose, que é utilizada como fonte de energia em nossos processos metabólicos. Embora nosso corpo também possa obter energia a partir de proteínas e gorduras, esses macronutrientes são mais complexos e demoram mais para serem metabolizados. Por isso, os carboidratos são considerados nossa principal fonte de energia.

Além disso, eles também são muito importantes para a função cerebral. O cérebro utiliza cerca de 400 calorias por dia, e os neurônios dependem principalmente de glicose como fonte de energia. Dietas restritivas podem causar sintomas como irritabilidade, ansiedade e fraqueza devido à redução da disponibilidade de glicose para o cérebro.

Existem três tipos principais de carboidratos. O primeiro são os monossacarídeos, que possuem uma estrutura química simples e são absorvidos rapidamente pelo organismo. Exemplos de monossacarídeos incluem a frutose e a glicose.

O segundo tipo são os dissacarídeos, formados pela união de dois monossacarídeos. Assim como os monossacarídeos, os dissacarídeos também são absorvidos rapidamente. Exemplos de dissacarídeos são a sacarose e a lactose.

Por fim, temos os polissacarídeos, que consistem na união de vários monossacarídeos. Devido à sua estrutura mais complexa, os polissacarídeos são absorvidos de forma mais lenta pelo organismo. Exemplos de polissacarídeos incluem os amidos.

Os alimentos, geralmente, contêm uma combinação desses diferentes tipos de carboidratos. Para facilitar a compreensão, podemos classificá-los como carboidratos simples e complexos. Os carboidratos simples são absorvidos mais rapidamente e geralmente estão presentes em alimentos refinados, como farinha branca, pão branco e doces. Já os carboidratos complexos são absorvidos mais lentamente e são encontrados em alimentos integrais, como pão integral, frutas, arroz integral e grãos em geral.

Da mesma forma, os carboidratos também podem ser classificados de acordo com o índice glicêmico, que significa a rapidez com que os alimentos são convertidos em glicose na corrente sanguínea. Quanto maior o índice glicêmico, mais rapidamente o alimento é absorvido, enquanto um índice menor indica uma absorção mais lenta — claro, o índice glicêmico varia de indivíduo para indivíduo. Por exemplo, uma pessoa pode absorver um pão integral mais rapidamente do que outra, mesmo que ambas consumam o exato mesmo alimento.

Outro conceito relevante relacionado aos carboidratos é a carga glicêmica. Essa carga é simplesmente a quantidade de carboidratos consumida. Para promover o emagrecimento, é aconselhável consumir carboidratos mais complexos, que são mais ricos em fibras e são absorvidos mais lentamente na corrente sanguínea, resultando em uma carga glicêmica mais controlada.

No entanto, o emagrecimento não depende exclusivamente dos carboidratos. É um processo que envolve diversos aspectos, sendo necessário considerar o conjunto de hábitos alimentares e estilo de vida como um todo.

Afinal, quanto de carboidrato precisamos consumir?

Cada grama de carboidrato fornece 4 calorias. A porcentagem diária recomendada desse macronutriente é variável, por isso não indicaremos quantidades específicas.

Antes de determinar a quantidade ideal, é necessário considerar a necessidade energética individual, que varia de acordo com o estilo de vida de cada um. Pessoas sedentárias terão uma demanda diferente de pessoas ativas ou atletas, além da influência de comorbidades como diabetes e triglicerídeos altos.

Pense no seu carboidrato favorito, aquele que você não consegue viver sem. Esse carboidrato não deve ser excluído da sua dieta. Se for um carboidrato com alto índice glicêmico, é recomendado consumi-lo em menor quantidade e com menos frequência. Já se for um carboidrato com baixo índice glicêmico, você pode consumi-lo mais frequentemente.

Lembre-se: sempre preferimos a moderação do que a restrição excessiva.

Proteínas

As proteínas são aliadas das dietas devido à sua capacidade de aumentar a termogênese, o que significa que o corpo gasta mais energia para digeri-las em comparação com carboidratos e gorduras, auxiliando assim no processo de emagrecimento. Além disso, as proteínas proporcionam maior sensação de saciedade devido à sua digestão mais lenta.

As proteínas são compostas por aminoácidos, os quais podem ser classificados como não essenciais, produzidos pelo corpo, e essenciais, que devem ser obtidos através da alimentação.

Existem dois tipos principais de proteínas: as de origem animal e as de origem vegetal. As proteínas de origem animal, encontradas em alimentos como carnes, ovos e laticínios, possuem alto valor biológico devido à presença dos 20 aminoácidos essenciais em sua composição. Por outro lado, as proteínas de origem vegetal, presentes em leguminosas, cereais e sementes, tendem a ser incompletas em termos de aminoácidos essenciais. Portanto, vegetarianos precisam combinar diferentes fontes de proteína vegetal para garantir uma ingestão adequada de aminoácidos essenciais e melhor aproveitamento pelo organismo.

É daí que vem a força do nosso arroz com feijão, pois esses alimentos se complementam em termos de aminoácidos, resultando em uma proteína de alto valor biológico.

As proteínas desempenham diversas funções no organismo, incluindo funções estruturais, responsáveis pela formação de tecidos como colágeno, queratina, miosina e albumina, essenciais para a saúde dos ossos, cartilagens, tendões, pele, cabelo e músculos, assim como para o transporte de oxigênio no sangue.

Elas desempenham também funções reguladoras, controlando diversas atividades orgânicas, tais como a ação de enzimas digestivas, como a amilase, maltase e pepsina, assim como na formação de hormônios como a insulina e a gastrina. Também exercem funções protetoras, como a produção de anticorpos que defendem o organismo, sendo essenciais para o funcionamento adequado do sistema imunológico.

Precisamos entender a quantidade de proteína necessária em nossa dieta diária. Cada grama de proteína fornece 4 calorias, assim como os carboidratos. A recomendação diária varia conforme idade, objetivos e nível de atividade física.

Um método simples para calcular a quantidade certa é considerar a ingestão mínima de 0,8 gramas por quilo de peso corporal até um máximo de 2 gramas. Essa variação depende do nível de atividade física e outras necessidades individuais.

Por exemplo, um indivíduo sedentário pode necessitar de 1,2 a 1,4 gramas por quilo de peso, enquanto alguém que pratica atividade física regularmente pode precisar de 1,5 a 1,8 gramas. Atletas ou pessoas com alta demanda energética podem precisar de até 2 gramas por quilo de peso.

Considere também fatores individuais, como comorbidades como ácido úrico ou colesterol elevado, ao determinar a ingestão ideal de proteínas. Vamos apresentar um exemplo de cálculo de proteína para ilustrar como realizar essa conta. Suponhamos que temos um indivíduo de 70 quilos que treina regularmente, mas não é um atleta de alto rendimento. Nesse caso, aplicamos a recomendação de 1,5 gramas de proteína por quilo de peso corporal. Assim, multiplicamos 70 quilos por 1,5, o que nos dá um total de 105 gramas de proteína por dia para essa pessoa.

Usaremos a tabela a seguir para acompanhar a quantidade de proteína consumida ao longo do dia.

Quantidade de proteína dos alimentos			
	Quantidade de proteína em 100g	Tamanho da porção Medida caseira/porção (g)	Quantidade de proteína (g) por porção
Amêndoa	18,6	5 unidades = 12g	2,23
Amendoim	22,5	1 colher de sobremesa = 12g	2,7
Barra de proteína	33,3	1 unidade = 30g	10
Carne bovina, acém moído coz	26,7	5 colheres de sopa = 90g	24
Carne bovina, filé mignon grelhado	32,8	1 filé = 100g	32,8
Carne bovina, lagarto	32,9	1 filé = 100g	32,9
Carne de porco, lombo assado	35,7	1 fatia = 100g	32,1
Castanha de Caju	18,5	5 unidades = 12g	
Castanha do Pará	14,5	2 unidades = 12g	1,74
Ervilha, enlatada	4,6	2 colheres de sopa = 60g	2,76
Feijão carioca, cozido	4,8	2 colheres de sopa = 50g	2,4
Frango, coxa sem pele cozida	26,9	1 coxa G = 100g	26,9
Frango, peito grelhado	32	1 filé = 100g	32
Frango, sobrecoxa sem pele cozida	29,2	1 sobrecoxa G = 100g	29,2
Iogurte desnatado	3,8	1 pote = 180ml	6,8
Leite de vaca, desnatado	3,26	1 copo = 240ml	8,64
Leite fermentado	1,9	1 unidade = 100ml	1,9

Quantidade de proteína dos alimentos			
	Quantidade de proteína em 100g	Tamanho da porção Medida caseira/porção (g)	Quantidade de proteína (g) por porção
Lentilha, cozida	6,3	2 colheres de sopa = 50g	3,15
Nozes	14	1 noz inteira = 12g	1,7
Ovo inteiro, cozido	13,3	1 unidade = 45g	6
Ovo, clara cozida	13,9	1 clara = 25g	3,35
Pasta de soja	1	1 colher de sopa = 10g	0,1
Peixe, abadejo cozido	19,3	1 filé = 100g	19,3
Peixe, atum em água	25	1/2 lata = 85g	21,2
Peixe, bacalhau cozido	24	1 pedaço médio = 135g	32,4
Peixe, cação cozido	25,6	1 posta = 100g	25,6
Peixe, merluza assada	26,6	1 filé = 100g	26,6
Peixe, salmão sem pele grelhado	26,1	1 posta = 100g	26,1
Peixe, sardinha sem óleo	15,9	1 filé = 100g	15,9
Peru, blanquet	16	6 fatias = 60g	9,6
Peru, peito defumado	21,7	4 fatias = 60g	13
Queijo minas frescal	17,4	1 fatia G = 40g	6,96
Queijo cottage	15,6	2 col. de sopa = 50g	7,8
Queijo mussarela de búfula	22	2 fatias = 30g	6,6
Queijo ricota	12,6	1 fatia G = 40g	5
Requeijão light	5,66	2 col. de sopa = 30g	1,7
Soja, bebida	2,6	1 copo = 200 ml	5,2
Soja, tofu	6,6	2 fatias grossas = 50g	3,3
Whey protein	83,33	1-2 medidas = 30g	25

No café da manhã, essa pessoa tomou um copo de leite, que fornece 3,3 gramas de proteína por porção, e comeu algumas fatias de queijo, totalizando 26 gramas. No almoço, optou por um filé de frango (32,8 gramas de proteína) e uma porção de feijão (6,6 gramas). Repetiu o mesmo almoço no jantar, adicionando mais 32,8 gramas de proteína do frango e 6,6 gramas do feijão. Somando tudo, chegamos a 108 gramas de proteína consumidas.

Conforme observado na tabela, as fontes de proteína animal tendem a fornecer uma quantidade maior de proteína em comparação com as fontes vegetais. Portanto, faça combinações para garantir a ingestão adequada de proteínas e preste ainda mais atenção se seguir uma dieta vegetariana ou vegana.

Gorduras

Vamos agora discutir sobre as gorduras, um dos macronutrientes que geralmente causa preocupação devido à associação com calorias, frituras e óleos. No entanto, veremos que as gorduras desempenham funções importantes em nosso organismo.

Primeiramente, as gorduras são essenciais para o armazenamento de energia, sendo acumuladas em nosso corpo na forma de lipídios, com cada grama de gordura fornecendo 9 calorias. Além disso, atuam no isolamento térmico do corpo, regulando a temperatura corporal. Também são componentes essenciais das membranas celulares, participando da estrutura das células.

As gorduras servem como veículos para vitaminas lipossolúveis, como A, D, E e K, facilitando sua absorção pelo organismo, e estão envolvidas na produção de hormônios e sais biliares, assim como na proteção dos órgãos internos.

Encontramos gorduras em alimentos de origem animal e vegetal. Existem as gorduras saturadas - presentes em carnes, ovos, leite, queijo e iogurtes - e as insaturadas - presentes em óleos vegetais (como soja, milho e canola), frutas (como coco e abacate) e oleaginosas (como castanhas, nozes e amêndoas).

Por outro lado, temos as gorduras trans, que podem ser encontradas naturalmente em pequenas quantidades em alguns alimentos, mas também são produzidas pela indústria por meio de um processo de hidrogenação. Essas gorduras, usadas para conferir textura, sabor e crocância aos alimentos processados, trazem muitos riscos para a saúde quando consumidas em excesso.

Sempre fique atenta aos rótulos dos alimentos, pois a gordura trans pode estar listada de outras formas, como gordura hidrogenada ou gordura vegetal. O consumo desse tipo de gordura deve ser mantido o mais baixo possível!

Com exceção da gordura trans, os outros tipos de gorduras podem ser consumidos, mas sempre com moderação.

No que diz respeito ao emagrecimento, as gorduras são um desafio, pois cada grama de gordura contém 9 calorias, enquanto carboidratos e proteínas contêm apenas 4 calorias por grama. Por isso, é fácil consumir um excesso de gordura sem perceber, o que pode sabotar os esforços de perda de peso. É importante também considerar a forma de preparo dos alimentos, evitando o uso excessivo de óleos e preferindo métodos de cozimento mais saudáveis.

Então, ao montar sua alimentação, considere a importância dos três macronutrientes — carboidratos, proteínas e gorduras — e busque um equilíbrio na sua dieta diária.

Compreender a função dos macronutrientes é fundamental para promover um emagrecimento saudável e sustentável. Os carboidratos fornecem a energia rápida necessária para nossas atividades diárias, as proteínas auxiliam na construção e reparação dos tecidos corporais e as gorduras desempenham papéis essenciais no armazenamento de energia e na proteção dos órgãos. Equilibrar esses macronutrientes de maneira adequada é a chave para alcançar uma alimentação balanceada e eficaz.

Agora que você tem um entendimento mais profundo sobre os macronutrientes, é hora de explorar outro componente vital da nossa alimentação: as fibras. No próximo capítulo, vamos mergulhar na importância das fibras para a digestão, controle do peso e saúde geral.

Equilibrar esses macronutrientes de maneira adequada é a chave para alcançar uma alimentação balanceada e eficaz.

Capítulo 13

Você Precisa Ter "Fibras"

Aposto que você já ouviu falar sobre a importância das fibras para o nosso organismo. Mas, qual é a quantidade necessária e por que são tão cruciais para nossa saúde?

Primeiramente, sabia que as fibras não são digeridas pelo nosso organismo? Nosso corpo carece de enzimas capazes de digerir as fibras, o que as deixa praticamente intactas em nosso intestino. Outra curiosidade: as fibras estão presentes exclusivamente no grupo dos carboidratos, ou seja, proteínas e gorduras não as contêm. Esse é mais um motivo para não eliminar carboidratos de nossa dieta.

As fibras se dividem em dois tipos: solúveis e insolúveis. As solúveis retêm bastante água, agindo como um gel em nosso estômago. Frutas, verduras, leguminosas e aveia são exemplos de fibras solúveis.

Talvez vocês já tenham comido uma maçã e, curiosamente, sentido mais fome. Isso ocorre porque a maçã é rica em pectina, um tipo de fibra solúvel que promove sensação de saciedade, embora possa parecer o contrário.

Já as fibras insolúveis são mais resistentes e fibrosas, encontradas em cereais integrais, farelos, leguminosas e nas cascas de frutas.

Funcionam como uma "escova" no intestino, limpando e melhorando sua função, o que ajuda a prevenir câncer no cólon.

Frutas, verduras, leguminosas e aveia contêm ambos os tipos de fibras, por isso é essencial variar nossa alimentação para garantir sua ingestão.

Por que as fibras são tão importantes? Entre outras coisas, elas ajudam a aumentar o volume das fezes e facilitam a eliminação, especialmente quando combinadas com o consumo de água. Se você aumentar a ingestão de fibras na alimentação e se esquecer de tomar água, o efeito pode ser inverso.

Outra função das fibras é regular os níveis de açúcar no sangue, pois sua absorção mais lenta contribui para um controle mais equilibrado dos níveis de glicose. Isso é especialmente útil para pacientes com diabetes e para aqueles que desejam perder peso. Além disso, as fibras ajudam a reduzir os níveis de colesterol e triglicerídeos, absorvendo gordura e promovendo sua eliminação intestinal.

Manter a flora intestinal saudável e melhorar a imunidade são outros benefícios das fibras, já que alimentam bactérias benéficas no intestino, promovendo o equilíbrio e, consequentemente, uma melhor função imunológica. Para obter todos esses benefícios, é necessário consumir uma quantidade adequada de fibras por dia, cerca de 25 gramas.

Para visualizar o que isso representa, faremos um cálculo usando uma tabela que preparei. Assim, você terá uma ideia mais clara do que essa medida significa em termos de alimentos e porções.

Alimento	Porção	Gramas de fibra
Biscoito de trigo integral	6 unidades	1,6
Macarrão cozido	1 xícara (chá)	1,2
Pão de centeio	1 fatia	1,4
Pão de trigo integral	1 fatia	1,3
Gérmen de trigo	1 colher (sopa)	1,2
Biscoito de trigo refinado	6 unidades	0,8
Pão francês e branco	1 fatia	0,6
Arroz branco cozido	5 colheres (sopa)	0,5

Frutas	Porção	Gramas de fibra
Pêra	1 unidade média	4,0
Figo seco	1 unidade media	3,7
Coco ralado seco	½ xícara (chá)	3,3
Maçã	1 unidade média	3,0
Abacate	½ unidade média	3,0
Kiwi	1 unidade grande	3,0
Abacaxi	3 fatias médias	3,0
Morango	1 xícara (chá)	2,7
Banana	1 unidade média	2,6
Ameixa seca	2 unidades	2,4
Pêssego com casca	1 unidade média	2,3
Laranja	1 unidade média	2,2
Manga	1 unidade média	2,2
Ameixa fresca	3 unidades pequenas	1,3
Tangerina/bergamota	1 unidade grande	1,8
Mamão	1 fatia média	1,4
Uva passa	2 colheres (sopa)	1,3
Nectarina com casca	1 unidade média	1,2
Melão	1 fatia média	1,1
Uva branca	20 unidades	1,0

Hortaliças	Porção	Gramas de fibra
Inhame cozido	100 g	4,0
Batata assada com casca	1 unidade média	3,5
Couve de bruxelas cozida	½ xícara (chá)	3,2
Brócolis cozido	½ xícara (chá)	2,7
Batata doce assada	1 unidade média	2,1
Berinjela	½ xícara (chá)	2,0
Cenoura crua	1 unidade média	2,0
Espinafre cozido	½ xícara (chá)	2,0
Batata cozida com casca	½ unidade média	1,9
Couve-flor cozida	½ xícara (chá)	1,9
Aspargo cozido	½ xícara (chá)	1,7
Beterraba cozida	½ xícara (chá)	1,5
Broto de feijão cozido	1 xícara (chá)	1,5
Repolho cru	½ xícara (chá)	1,5
Tomate	1 unidade pequena	1,5
Batata cozida sem casca	1 unidade média	1,3
Couve verde	½ xícara (chá)	1,3
Salsão cru	½ xícara (chá)	1,1
Pepino com casca	1 unidade média	1,1
Cebola	½ xícara (chá)	1,1
Azeitona	10 unidades médias	1,1
Abóbora	½ xícara (chá)	1,0
Abobrinha cozida	½ xícara (chá)	0,8
Alface	1 xícara (chá)	0,8

Vamos aos cálculos! Suponha que você acordou e preparou um mingau de aveia para o café da manhã. A aveia contribui com 10 gramas de fibra. No almoço, optou por um prato de feijão, consumindo cerca de 8 gramas adicionais de fibra. Para acompanhar a refeição, incluiu cenoura, proporcionando 1,8 gramas de fibra. No lanche da tarde, escolheu uma banana, adicionando mais 2,6 gramas de fibra à sua dieta. No jantar, outra porção de feijão, contribuindo com mais

8 gramas de fibra. Totalizando assim 30,4 gramas de fibra consumidas no dia. Observe que fui generosa ao considerar o mingau de aveia, que sozinho já contém 10 gramas de fibra. Se considerarmos uma porção menor de aveia, como uma ou duas colheres de sopa, estaríamos falando de uma contribuição entre 2,5 e 5 gramas de fibra.

Agora, vamos imaginar outro cenário. Digamos que você acordou sem muita vontade de ser fitness e optou por um pãozinho no café da manhã, contribuindo com cerca de 1 ou 2 gramas de fibra. No almoço, novamente escolheu feijão, adicionando mais 8 gramas de fibra. Na parte da tarde, você não fez nenhuma refeição, portanto, não adicionou fibras à sua dieta. No jantar, em vez de uma refeição mais balanceada, optou por um bauru com café, adicionando mais ou menos 2 gramas de fibra provenientes do pão. Assim, totalizou 12 gramas de fibra no dia, apenas metade do que seria ideal.

O que quero destacar com esses dois cenários é a importância de incluir frutas, verduras e leguminosas na dieta. Conforme pode ser observado na tabela, sem esses alimentos, é difícil alcançar a quantidade recomendada de 25 gramas de fibra por dia. Portanto, incorpore essas fontes de fibras em sua alimentação, mas lembre-se sempre de aumentar também o consumo de água! Esse será o tema do próximo capítulo.

*As fibras ajudam
a reduzir os níveis
de colesterol e
triglicerídeos,
absorvendo gordura
e promovendo sua
eliminação intestinal.*

Capítulo 14

Água de Beber

Antes de iniciarmos este capítulo, que tal levantar e buscar a sua garrafa de água? Pronta?... Então, tome alguns goles... nada melhor do que começar uma lição ensinando a seu cérebro como praticá-la.

É muito comum as pessoas relatarem dificuldades em consumir água, seja porque não gostam, esquecem ou simplesmente não têm o hábito de beber água. No entanto, você precisa manter a ingestão adequada desse elemento tão essencial para nós, uma vez que nosso corpo é composto por cerca de 70% de água, desempenhando funções essenciais em nosso organismo.

Por exemplo, a água regula nossa temperatura corporal, auxilia na digestão de alimentos, vitaminas e nutrientes, elimina toxinas do organismo e contribui para a hidratação da pele, unhas e cabelos. Além disso, melhora o processo circulatório, sendo especialmente útil para quem sofre de retenção de líquidos.

Outro aspecto importante é que a água ajuda a lubrificar as articulações e promove o funcionamento adequado do intestino. Também é uma aliada no processo de emagrecimento, pois proporciona sensação de saciedade e redução da fome. Quando nosso corpo está desidratado, ele retira água do intestino, o que pode prejudicar seu funcionamento e impactar negativamente a saúde da pele, unhas e cabelos.

Então, vamos descobrir a quantidade de água que você precisa ingerir para evitar esse tipo de problema. Basicamente, você precisa ingerir 35 ml de água por cada quilo de peso. Pegue uma calculadora e faça o seu cálculo. Por exemplo, se você pesa 70 kg, multiplique 70 por 35, resultando em 2.450 ml (ou 2,45 litros) de água por dia.

É claro que isso vai variar de indivíduo para indivíduo. Por exemplo, se uma pessoa trabalha em uma atividade mais pesada, se ela transpira mais ou se pratica atividade física regularmente, o consumo de água dela vai aumentar conforme as atividades diárias. Quem pratica exercícios como corrida geralmente sua bastante, então precisa repor mais água.

Para calcular a quantidade necessária para um bom desempenho no esporte, uma dica é se pesar antes e depois da atividade física. A diferença de peso indicará a quantidade de água que você precisa repor. Se, por exemplo, você perdeu 500 gramas na balança após o exercício, você precisa ingerir um litro de água para se reidratar (segundo o *American College of Sports Medicine*).

Outro método para avaliar se você está bem hidratado é observar a cor da urina. Ela deve estar sempre clara, o que indica que você está bem hidratado.

Uma dica para aumentar o consumo de água é investir em formas de tornar isso um hábito, quer seja via app para lembrá-lo, alarmes no celular, garrafa com marcações para quantificar quanto líquido foi ingerido.

Outra estratégia interessante é marcar sua garrafa com indicadores de tempo, como horas ou minutos e até mesmo com frases motivacionais, para lembrá-la de beber água. Mesmo se você não trabalha em um escritório, é importante ter um recipiente de água, como uma garrafinha, com você. Se não levar consigo ou deixá-la no carro, será difícil lembrar-se de se hidratar ao longo do dia.

Se o problema for o sabor da água, você pode aromatizá-la com cravo, canela, frutas, rodelas de limão, hortelã ou qualquer outro ingrediente que preferir. No início, pode ser que você precise se esforçar um pouco mais para adotar esses hábitos, mas com o tempo eles se tornarão parte da sua rotina.

E nada de substituir água por produtos industrializados como sucos, refrigerantes ou energéticos. No caso dos primeiros, você estará ingerindo muito mais calorias e açúcar do que pensa. Nos demais, por conta dos diversos elementos químicos adicionados, é capaz de você inclusive sofrer uma desidratação. Já vi acontecer como muitos pacientes. Então, nada melhor do que nossa velha e boa amiga água.

Lembre-se: quanto mais água você bebe, mais sede você sentirá; quanto menos água você bebe, menos sede terá. Portanto, comece hoje a estabelecer essa meta e a beber a quantidade de água que seu corpo necessita. Manter-se hidratada é fundamental para o funcionamento adequado do corpo.

E nada de substituir água por produtos industrializados como sucos, refrigerantes ou energéticos.

Capítulo 15

Intestino e Microbiota

Você já ouviu falar que o nosso intestino é o nosso segundo cérebro? Essa ideia se deve à presença do nervo vago, que conecta o intestino ao cérebro em uma via de mão dupla. E, por incrível que pareça, há muito mais informações fluindo do intestino para o cérebro do que no sentido contrário, o que ressalta a importância da saúde do nosso intestino e seu microbioma.

A microbiota intestinal se refere aos microorganismos que habitam o nosso intestino, incluindo bactérias, fungos e vírus, desempenhando um papel essencial na manutenção da integridade e saúde intestinal e, consequentemente, na nossa imunidade. Esses microorganismos se alimentam de acordo com a nossa dieta, proliferando-se com alimentos saudáveis ou sendo prejudicados por alimentos inadequados. Quando há um aumento de alimentos não saudáveis, ocorre um desequilíbrio na microbiota intestinal, conhecido como disbiose. Esse desequilíbrio pode ser quantitativo ou qualitativo, podendo levar a complicações de saúde.

O padrão alimentar atual, composto por alimentos repletos de conservantes, aditivos, gorduras e açúcares, contribui muito para o desequilíbrio do microbioma intestinal. Esses alimentos processados acabam substituindo opções mais saudáveis, como alimentos ricos em fibras, essenciais para o equilíbrio da flora intestinal. Além disso, outros fatores, como genética e o uso de medicações e antibióticos, também influenciam.

Existem alguns sinais a que você pode ficar atenta para avaliar o equilíbrio da sua flora intestinal, os quais incluem intestino preso, constipação, estufamento, gases, distensão abdominal, diarreia, náusea, azia, dor de cabeça e até mesmo cansaço, irritabilidade e candidíase de repetição, podendo chegar ao desenvolvimento de intolerâncias ou alergias alimentares.

Para aqueles que se identificam com algum desses sintomas, aqui estão algumas estratégias alimentares que podem ajudar a melhorar esse quadro de disbiose.

O tipo de dieta é o que mais influencia. Se for rica em proteínas, pode alimentar bactérias comensais de carne no intestino, resultando em sua proliferação e agravando a disbiose. Além disso, estratégias de emagrecimento que envolvem a redução de carboidratos, geralmente, levam à diminuição da ingestão de fibras, pois as fibras estão presentes principalmente nos alimentos ricos em carboidratos.

Quando falamos de fibras, estamos nos referindo a frutas, verduras e alimentos integrais, alimentos cujo consumo você deve aumentar quando está lidando com disbiose. Procure consumir proteínas de forma equilibrada, evitando excessos, e não restrinja muito os carboidratos se não houver indicação para isso. Mantenha um consumo adequado de fibras para promover a proliferação das boas bactérias e ajudar a restaurar o equilíbrio do seu intestino.

Diminua o consumo de alimentos processados e ultraprocessados, principalmente *fast food*, e aumente a ingestão de alimentos saudáveis e naturais. Incluir probióticos na dieta também pode ajudar na disbiose, mas lembre-se de que eles precisam de uma alimentação equilibrada para sobreviver. Se não houver ingestão suficiente de fibras, frutas e verduras, os probióticos não serão eficazes. Aqui vale a máxima: "***Descasque mais e desembale menos***".

A saúde do nosso intestino e o equilíbrio da microbiota intestinal são fundamentais para o bem-estar geral e a imunidade. Manter uma alimentação equilibrada, rica em fibras e alimentos naturais, é crucial para evitar a disbiose e promover a proliferação das boas bactérias. Ao reduzir o consumo de alimentos processados e ultraprocessados, além de incluir probióticos na alimentação, podemos melhorar significativamente a saúde intestinal e, consequentemente, a saúde do nosso corpo como um todo.

No próximo capítulo, vamos explorar mais a fundo a diferença entre alimentos in natura e ultraprocessados e entender como esses tipos de alimentos influenciam nossa saúde e o que devemos priorizar na nossa alimentação diária para alcançar um estilo de vida mais saudável e equilibrado.

Manter uma alimentação equilibrada, rica em fibras e alimentos naturais, é crucial para evitar a disbiose e promover a proliferação das boas bactérias.

Capítulo 16

Alimentos In Natura x Ultraprocessados

Na agitação dos dias atuais, tendemos a buscar alternativas mais práticas para nos alimentar, recorrendo aos pratos prontos ou pré-prontos disponíveis no mercado, provenientes da industrialização, que acabam se tornando parte de nossa dieta. No entanto, sabemos como esse tipo de alimento pode trazer danos à nossa saúde e prejudicar o nosso processo de emagrecimento.

Agora, exploraremos os diferentes tipos de alimentos: os in natura, os minimamente processados, os processados e os ultraprocessados. Os alimentos in natura são de origem vegetal ou animal e não passaram por nenhum processo de industrialização, sem a adição de substâncias. Exemplos incluem frutas como banana, maçã e uva, verduras como folhas verdes, vegetais como cenoura, brócolis e abobrinha, além de ovos e carnes.

Os alimentos minimamente processados não receberam aditivos industriais, mas podem ter passado por processos como moagem, limpeza ou pasteurização, como amendoim, aveia, arroz, feijão e frutas secas. Esses dois tipos devem constituir a base de nossa alimentação. Já os alimentos processados são aqueles que recebem adição de sal, açúcar, vinagre ou gordura, além de terem passado por processos como cozimento, fermentação ou salmoura.

Exemplos desses alimentos processados incluem conservas, geleias e enlatados. Devemos estar atentos a esse grupo, pois podem conter quantidades elevadas de sal e açúcar em comparação com preparações caseiras. Ao comprar alimentos processados, escolha opções com menor teor de sal e açúcar para tornar sua alimentação mais saudável.

Por fim, os alimentos ultraprocessados são geralmente produzidos por grandes indústrias e contêm, além de sal, açúcar, óleo e vinagre, uma variedade de aditivos alimentares adicionais, como corantes, conservantes, aromatizantes, gorduras hidrogenadas, gorduras vegetais, gorduras trans e xaropes. Geralmente, esses aditivos têm nomes difíceis de pronunciar e são facilmente identificados nas listas de ingredientes dos alimentos. Eles são adicionados para aumentar o tempo de prateleira do produto e melhorar o sabor, tornando-os mais atraentes para o consumidor. Esse grupo de alimentos deve ser evitado ao máximo.

Alguns exemplos de alimentos ultraprocessados são os refrigerantes, achocolatados, molhos prontos, bolachas, chocolates e salgadinhos, que são facilmente reconhecidos pelos corantes, conservantes e vários aditivos em sua composição. Em relação ao pão, verifique a lista de ingredientes para distinguir entre os pães que contêm uma quantidade excessiva de aditivos e aqueles feitos apenas com sal, água e farinha, que são opções mais saudáveis e não se enquadram na categoria de ultraprocessados.

Os danos à saúde causados pelo consumo excessivo de alimentos ultraprocessados são, em grande parte, desconhecidos a longo prazo. O maior problema é porque eles não fornecem saciedade de fato, pois não contêm os nutrientes que realmente proporcionam saciedade. Seu potencial "aditivo" é maior justamente pelas combinações, como por exemplo, o sorvete, que carrega enormes quantidades de açúcar e gordura. Perceba que é uma combinação que não existe na natureza. Ou temos alimentos ricos em carboidrato ou em gordura, sem a presença de ambos ao mesmo tempo.

Todo chocolate é um vilão? Não. Todo sorvete é ruim? Novamente, a resposta é não. Então como saber? Vendo os rótulos! Quanto menos itens e mais simples a lista de ingredientes, maior a chance de ser um alimento realmente nutritivo.

Caso contrário, esse tipo de "alimento" pode prejudicar a sensação de saciedade e aumentar o risco de desenvolver várias doenças, como diabetes, colesterol elevado e problemas cardiovasculares, além de possivelmente gerar deficiências nutricionais devido à baixa absorção de vitaminas, minerais e fibras adicionadas a esses produtos.

Portanto, sem pensar duas vezes, diminua o consumo desses tipos de alimentos, leia os rótulos com mais atenção e planeje uma dieta mais saudável ao fazer compras. Lembre-se, os melhores alimentos são aqueles que não precisam de rótulos; opte sempre por qualidade em vez de praticidade.

Para concluir, é fundamental compreender a diferença entre alimentos in natura, minimamente processados, processados e ultraprocessados para fazer escolhas alimentares mais saudáveis. A base de nossa alimentação deve ser composta por alimentos in natura e minimamente processados, pois são ricos em nutrientes essenciais e promovem a saciedade verdadeira. Reduzir o consumo de alimentos ultraprocessados, ricos em aditivos e pobres em nutrientes, é crucial para manter a saúde e evitar doenças crônicas.

Sempre leia os rótulos dos alimentos e opte por aqueles com menos ingredientes e sem aditivos desnecessários. Ao priorizar alimentos de qualidade e evitar os ultraprocessados, você estará dando um grande passo em direção a uma vida mais saudável e equilibrada.

Ler rótulos e tabelas nutricionais dos alimentos é fundamental para fazer escolhas alimentares mais saudáveis e conscientes. A primeira informação que a maioria das pessoas nota em um rótulo é a quantidade de calorias. No entanto, os rótulos contêm muitas outras informações valiosas sobre o que estamos consumindo.

A tabela nutricional obrigatoriamente inclui dados sobre calorias, carboidratos, proteínas, gorduras totais, gorduras saturadas, gorduras trans, sódio e fibras. Informações sobre vitaminas, minerais e colesterol são opcionais, mas são sugeridas pela Anvisa se ultrapassarem 5% do valor diário recomendado. A tabela também apresenta a porcentagem do valor diário (%VD) com base em uma dieta de 2.000 calorias, ajudando a contextualizar a quantidade de nutrientes em relação às necessidades diárias.

Atenção: Gostaria de enfatizar que o % de VD é baseado em uma dieta "pirâmide" e costuma ser "padrão" nos rótulos, porém, pode não corresponder necessariamente aos valores diários equivalentes ao plano que seu nutricionista ou médico tenha prescrito a você.

Para ajudar na compreensão da leitura de uma tabela nutricional, vamos analisar uma tabela nutricional típica, destacando os pontos de atenção e como interpretar as informações.

Aqui está um exemplo de tabela nutricional:

Tabela Nutricional (porção de 30g)

Componente	Quantidade por Porção	%VD*
Valor energético	120 kcal	6%
Carboidratos	22 g	7%
Proteínas	3 g	4%
Gorduras totais	1 g	2%
Gorduras saturadas	0.5 g	3%
Gordura trans	0 g	-
Fibra alimentar	2 g	8%
Sódio	150 mg	6%

Como Ler a Tabela Nutricional:

1. Valor Energético:

- *Quantidade por Porção*: Indica a energia fornecida por uma porção do alimento, medida em calorias (kcal).
- *%VD*: Representa a porcentagem do Valor Diário recomendado com base em uma dieta de 2.000 calorias. Aqui, 120 kcal correspondem a 6% do VD.

2. Carboidratos:

- Os carboidratos s fornecem energia para o corpo. Uma porção contém 22 g de carboidratos, o que corresponde a 7% do VD.
- Prefira alimentos com carboidratos complexos e fibras para uma liberação de energia mais gradual.

3. Proteínas:

- Importantes para a construção e reparação dos tecidos corporais, esta porção contém 3 g de proteínas, equivalendo a 4% do VD.

4. *Gorduras Totais:*

- Inclui todos os tipos de gorduras presentes no alimento. Uma porção contém 1 g de gorduras totais (2% do VD).
- *Gorduras Saturadas*: Contribuem para o aumento do colesterol ruim (LDL). Esta porção contém 0.5 g (3% do VD).
- *Gordura Trans*: Deve ser evitada sempre que possível, pois aumenta o risco de doenças cardiovasculares. Neste exemplo, o valor é 0 g.

5. *Fibra Alimentar:*

- Essencial para a saúde digestiva, como vimos em capítulo anterior, a fibra ajuda a regular os níveis de glicose no sangue e a sensação de saciedade. Esta porção tem 2 g de fibras (8% do VD).
- Opte por alimentos ricos em fibras para uma dieta saudável.

6. *Sódio:*

- O sódio em excesso pode levar a problemas de hipertensão e doenças cardíacas. Esta porção contém 150 mg de sódio (6% do VD).
- Escolha alimentos com baixo teor de sódio para uma alimentação mais saudável.

Pontos de Atenção ao Ler uma Tabela Nutricional:

- *Porção*: Verifique o tamanho da porção indicada. Muitas vezes, os valores nutricionais são para porções menores do que as que realmente consumimos.
- *%VD*: Use a %VD para comparar produtos e entender a contribuição de cada nutriente em sua dieta diária.

- *Ingredientes*: Leia a lista de ingredientes em ordem decrescente de quantidade. Evite produtos com açúcar ou gordura como os primeiros ingredientes.
- *Aditivos e Conservantes*: Procure evitar alimentos com muitos aditivos artificiais e conservantes.

Com essas orientações, você estará mais capacitado para fazer escolhas alimentares informadas e saudáveis.

Ao escolher produtos, é recomendado optar por aqueles com menores valores diários de gordura e sódio e maiores quantidades de fibras. É essencial observar a porção indicada, pois muitas vezes a quantidade consumida é maior do que a porção sugerida, o que altera significativamente a ingestão de calorias e nutrientes.

A lista de ingredientes é apresentada em ordem decrescente de quantidade. Ingredientes como açúcar ou gordura nos primeiros lugares indicam uma alta presença desses componentes. Comparar produtos similares pode revelar opções mais saudáveis, como escolher um pão integral verdadeiro ao invés de um misto ou um pão branco.

É importante também estar atento a sinônimos de ingredientes, especialmente açúcares, que podem aparecer com nomes como xarope de milho, frutose ou dextrose. Adicionalmente, aditivos alimentares, que são listados após os ingredientes principais, podem impactar a saúde e devem ser minimizados.

Produtos diet e light, embora possam parecer escolhas mais saudáveis, muitas vezes contêm aditivos ou substituições que podem não ser benéficas. Alimentos diet, por exemplo, têm componentes removidos, como açúcar, mas podem conter adoçantes artificiais. Já os alimentos light têm uma redução de pelo menos 25% de algum componente, mas não necessariamente calorias.

Para aqueles com alergias ou intolerâncias alimentares, é crucial verificar declarações de "contém" ou "não contém" substâncias como glúten ou lactose, que geralmente estão no final da lista de ingredientes.

Novas leis ajudarão a melhorar a transparência nos rótulos, incluindo a obrigação de especificar o tipo e a quantidade de gorduras, e a inclusão de uma lupa nos produtos com altos níveis de açúcar, sal ou sódio. Isso facilitará a identificação de alimentos mais saudáveis.

Com essas informações, você estará mais bem preparado para fazer escolhas alimentares que contribuam para sua saúde e bem-estar. A seguir temos uma tabela que ajudará você a se orientar quanto estiver lendo o rótulo de algum produto no mercado.

Componentes	Quantidade recomendada	Outros nomes para este componente
Total de gorduras	O produto tem baixa quantidade de gordura quando tem até 3 g por cada 100 g (no caso de produtos sólidos) e até 1,5 g por cada 100 ml (nos líquidos).	Gordura/óleo animal, gordura bovina, manteiga, chocolate, sólidos de leite, coco, óleo de coco, leite, creme de leite, ghee, óleo de palma, gordura vegetal, margarina, sebo, creme de leite.
Gorduras saturadas	O produto tem baixa quantidade de gordura saturada quando tem até 1,5 g por cada 100 g (no caso dos sólidos) ou até 0,75 g para cada 100 ml (nos líquidos) do produto.	
Gorduras trans	Deve-se evitar alimentos que contenham gorduras trans.	Gordura parcialmente hidrogenada, margarinas, óleo vegetal parcialmente hidrogenado, óleo hidrogenado, gordura interesterificada.
Sódio	O produto tem baixa quantidade de sódio quando tem o máximo de 120 mg por cada 100 mg ou 100 ml do produto.	Glutamato monossódico, MSG, sal marinho, ascorbato de sódio, bicarbonato de sódio, nitrato ou nitrito de sódio, sal vegetal, extrato de levedura.
Açúcares	São considerados "sem açúcar" os produtos que contém até 0,5 g por cada 100 g ou 100 ml do produto.	Dextrose, frutose, glicose, xarope, mel, sacarose, maltose, malte, lactose, açúcar mascavo, xarope de milho, xarope de milho rico em frutose, suco de fruta concentrado.
Fibras	Um produto com altas quantidades de fibras, contém 6g por cada 100g ou 3g (no caso dos sólidos) por cada 100ml (nos líquidos) do produto.	
Calorias	Um produto com poucas calorias contém até 40 Kcal por cada 100 g (no caso dos sólidos) e até 20 calorias por 100 ml (nos líquidos).	
Colesterol	O produto com pouco colesterol contém até 1,5 g por 100 g (nos sólidos) e até 0,75 por 100 ml (nos líquidos).	

No próximo capítulo, discutiremos um outro aspecto importante da alimentação e saúde: o álcool. O consumo de bebidas alcoólicas pode sim impactar seu corpo e bem-estar, portanto, iremos entender melhor os efeitos do álcool e como ele pode ser "encaixado" em um estilo de vida equilibrado.

Capítulo 17

Álcool - O Vilão Oculto

Será que a ingestão de álcool realmente prejudica o processo de emagrecimento? Essa é uma pergunta muito comum no consultório, mas sabemos que não é apenas um hábito isolado que interfere no emagrecimento, mas sim o conjunto de hábitos. Portanto, o consumo de álcool por si só não sabotará o processo de emagrecimento, mas pode afetar de forma relevante a saúde.

Vamos destacar algumas ações do álcool no organismo. Cada grama de álcool contém 7 calorias, comparadas às 4 calorias por grama de proteína ou carboidrato, e às 9 calorias por grama de gordura, como vimos em capítulos anteriores. Embora o álcool seja caloricamente denso, o principal problema é que essas calorias não são facilmente metabolizadas pelo corpo e são consideradas "calorias vazias". Além disso, as bebidas alcoólicas geralmente contêm adições como açúcar, licores ou tônicas, aumentando ainda mais o seu valor calórico.

É comum consumir álcool em contextos sociais, o que pode levar a acompanhamentos ainda mais calóricos, como petiscos ou jantares mais fartos. Essas calorias adicionais podem prejudicar o controle e o progresso do emagrecimento, ao mesmo tempo em que o álcool pode causar desidratação, pois o corpo tenta expelir rapidamente o álcool, demandando uma grande quantidade de água. E não vamos esquecer da ressaca no dia seguinte.

Para aqueles que praticam atividade física, o álcool pode interferir na produção hormonal, reduzindo os níveis de testosterona, importante para o ganho de massa muscular, e aumentando o cortisol, um hormônio catabólico. Esses efeitos podem prejudicar o desempenho nos treinos e os resultados esperados.

Mas será que existe alguma bebida melhor do que a outra no quesito redução de danos?

Geralmente, as bebidas têm diferentes teores alcoólicos. Um destilado tende a ter um teor alcoólico muito maior do que um vinho ou uma cerveja, por exemplo. Os destilados também costumam vir acompanhados das misturas mencionadas anteriormente, como açúcar ou licores, enquanto as pessoas tendem a consumir uma quantidade maior de cerveja. Portanto, não há uma resposta precisa e não há uma bebida necessariamente superior à outra. O que precisamos é de controle no momento da ingestão independentemente do que estamos bebendo. Costumo dizer que a melhor opção é a que você vai consumir menos.

O álcool também dá a falsa impressão de relaxamento. Não poderia ser mais errônea tal impressão. Na verdade, o que ocorre é uma "sedação", que resulta em um sono conturbado, e, se você não dorme bem, a essa altura já sabe, não vai ter a "nutrição" do sono e a chance de abusar das calorias no dia seguinte é enorme.

Outra dúvida comum no consultório é sobre o consumo de vinho e seus benefícios para o organismo.

O vinho é conhecido pelo seu conteúdo de resveratrol, um potente antioxidante que também está presente em outros alimentos, como frutas, oleaginosas e cacau. Portanto, se você consome um cálice de vinho diariamente pensando nos antioxidantes, pode não ser vantajoso, pois existem outras fontes desses nutrientes sem os possíveis prejuízos causados pelo álcool. Em suma, consumir vinho com a desculpa do resveratrol não é uma boa ideia.

Agora, gostaria de compartilhar algumas sugestões para o momento em que você decidir beber. Primeiramente, seja seletiva em relação aos momentos em que vai ingerir álcool. Você não precisa necessariamente consumi-lo em todos os eventos sociais que participar (se isso estiver acontecendo, reveja sua relação com o álcool e procure ajuda).

Quando estiver bebendo, faça-o lentamente e concentre-se mais no momento com seus amigos do que no consumo do álcool em si. Aproveite o momento em que está presente.

É desnecessário dizer que intercalar a bebida alcoólica com água é regra. Isso reduzirá seu consumo total de álcool e ajudará na hidratação do seu organismo, prevenindo a desidratação e amenizando a ressaca no dia seguinte.

Outro equívoco comum que as pessoas cometem é, quando sabem que vão participar de uma festa ou evento à noite, no qual provavelmente consumirão bebida alcoólica, tentam compensar o abuso cortando calorias para não atrapalhar o processo de emagrecimento. No entanto, se não se alimentarem adequadamente, os efeitos do álcool podem ser potencializados. Dê preferência às gorduras boas e proteínas antes do álcool, pois elas são mais difíceis de digerir e acabam lentificando o efeito da bebida.

O álcool também afeta o nível de glicose no organismo, levando algumas pessoas a necessitarem de reposição intravenosa para recuperar os níveis adequados. Então, em dias de eventos sociais, priorize uma alimentação equilibrada, incluindo todos os grupos alimentares, para garantir energia e disposição e evitar os efeitos potencializados do álcool no organismo.

Então, as bebidas alcoólicas não oferecem benefícios para o nosso organismo, mas, se for beber, beba com moderação.

Concluímos que, embora o consumo de álcool por si só não sabote diretamente o processo de emagrecimento, ele pode influenciar negativamente a saúde de diversas maneiras. O álcool traz consigo calorias vazias, pode desidratar o corpo, afetar a produção hormonal e prejudicar a qualidade do sono, entre outros efeitos. Portanto, se optar por consumir bebidas alcoólicas, faça-o com moderação e esteja ciente dos potenciais impactos na sua saúde e bem-estar.

Para promover uma vida mais saudável e equilibrada, é essencial adotar hábitos alimentares que realmente nutram o corpo. No próximo capítulo, veremos as melhores estratégias para se comer bem de verdade, escolhendo a ordem correta dos macronutrientes a fim de suportar não apenas a perda de peso, mas também a saúde geral.

Capítulo 18

Como Comer Bem?

A alimentação tem um papel crucial na regulação da glicose no sangue, influenciando diretamente a saúde metabólica, o controle do peso e o bem-estar geral. A seguir, exploramos detalhadamente, com exemplos práticos de princípios fundamentais para suas refeições.

Princípios Fundamentais

Princípio 1: Comer na Ordem Certa

A forma como você organiza sua refeição pode impactar significativamente sua saúde e bem-estar. Comer os alimentos na ordem certa pode ajudar a controlar os níveis de glicose no sangue, promover a saciedade e melhorar a digestão. A seguir, exploraremos um princípio fundamental que envolve a sequência correta de ingestão de diferentes tipos de alimentos para otimizar os benefícios nutricionais e metabólicos.

- ***Vegetais Primeiro***: Começar as refeições com vegetais ricos em fibras ajuda a diminuir a absorção de glicose. As fibras criam uma camada viscosa no intestino que retarda a absorção de açúcar e gordura.

- ***Proteínas e Gorduras em Seguida***: Consumir proteínas e gorduras após os vegetais mantém a saciedade e retarda ainda mais a digestão dos carboidratos, evitando picos rápidos de glicose.
- ***Carboidratos por Último***: Ingerir carboidratos no final da refeição minimiza os picos de glicose no sangue. Quando os carboidratos são consumidos por último, o corpo tem mais tempo para processá-los lentamente.

Princípio 2: Incluir Fibra em Todas as Refeições

Para alcançar e manter uma boa saúde, é essencial entender não apenas o que comer, mas também como incluir certos nutrientes em todas as refeições. A fibra é um componente crucial na dieta que desempenha um papel vital no controle dos níveis de glicose no sangue e na melhoria da saúde digestiva. A seguir, exploraremos um princípio fundamental sobre a importância de incluir fibras em todas as suas refeições.

- A fibra retarda a absorção de açúcar e ajuda a manter os níveis de glicose estáveis. É importante incluir alimentos ricos em fibras em todas as refeições para melhorar a saúde digestiva e controlar a glicose.
- Exemplos: Adicionar sementes de chia ao iogurte, incluir vegetais folhosos nas refeições principais, ou comer frutas com casca.

Princípio 3: Combinar Carboidratos com Proteínas e Gorduras

Para otimizar sua saúde e controle de glicose, é crucial entender como diferentes macronutrientes interagem no corpo. A combinação de carboidratos com proteínas e gorduras pode fazer uma diferença significativa na forma como o corpo processa e absorve esses nutrientes.

- Comer carboidratos juntamente com proteínas e gorduras ajuda a evitar picos rápidos de glicose. Essa combinação desacelera a digestão e a absorção de carboidratos.
- Exemplos: Comer pão integral com abacate (gordura) e ovo (proteína), ou adicionar nozes a uma salada de frutas.

Princípio 4: Evitar Açúcares Refinados e Carboidratos Simples

Manter níveis estáveis de glicose no sangue é essencial para a saúde geral e para o controle de peso. A escolha dos tipos de carboidratos e açúcares que consumimos desempenha um papel crucial nesse processo. Evitar açúcares refinados e carboidratos simples pode ajudar a prevenir picos rápidos de glicose e quedas subsequentes, promovendo uma energia mais constante e uma saúde melhor.

- Reduzir a ingestão de alimentos altamente processados que causam aumentos rápidos nos níveis de glicose. Açúcares refinados e carboidratos simples, como pão branco e doces, são rapidamente absorvidos pelo corpo, levando a picos de glicose e subsequentes quedas bruscas.
- Exemplos: Optar por frutas inteiras em vez de sucos, e escolher grãos integrais em vez de refinados.

Exemplos Práticos de Refeições:

Café da Manhã

- Opção 1: Omelete de espinafre com queijo feta, abacate e uma fatia de pão integral. Os vegetais na omelete fornecem fibras, o abacate oferece gorduras saudáveis, e o pão integral adiciona carboidratos de liberação lenta.
- Opção 2: Iogurte grego natural com sementes de chia, nozes, frutas vermelhas e um fio de mel. A combinação de proteínas do iogurte, fibras das sementes de chia, gorduras das nozes e carboidratos das frutas proporciona um início de dia equilibrado.

Almoço

- Opção 1: Salada de folhas verdes com pepino, tomate, cenoura ralada, peito de frango grelhado e molho de azeite e limão. Começar com vegetais ricos em fibras, seguidos por proteínas magras do frango, ajuda a manter a glicose estável.
- Opção 2: Quinoa com legumes assados (abobrinha, berinjela, pimentão) e salmão grelhado. A quinoa fornece proteínas e fibras, enquanto os legumes e o salmão oferecem nutrientes essenciais e gorduras saudáveis.

Lanche

- Opção 1: Palitos de cenoura e aipo com homus. A combinação de fibras dos vegetais com as proteínas e gorduras saudáveis do homus ajuda a controlar a fome entre as refeições.

- Opção 2: Maçã fatiada com manteiga de amendoim natural. As fibras da maçã e as proteínas e gorduras da manteiga de amendoim promovem saciedade prolongada.

Jantar

- Opção 1: Sopa de lentilhas com espinafre, servida com uma pequena porção de arroz integral. As lentilhas fornecem proteínas e fibras, enquanto o arroz integral é um carboidrato complexo que libera energia de forma gradual.
- Opção 2: Filé de peixe grelhado com brócolis ao vapor e batata-doce assada. O peixe fornece proteínas magras, os brócolis oferecem fibras e nutrientes, e a batata-doce é uma fonte de carboidratos saudáveis.

Sobremesas Saudáveis

- Opção 1: Pedaços de chocolate amargo (70% cacau ou mais) com amêndoas. O chocolate amargo em pequenas quantidades é uma opção rica em antioxidantes, e as amêndoas adicionam proteínas e gorduras saudáveis.
- Opção 2: Frutas vermelhas frescas com um pouco de iogurte grego. As frutas vermelhas são ricas em fibras e antioxidantes, enquanto o iogurte grego adiciona proteínas.

Adotar uma abordagem consciente da alimentação pode ter um impacto significativo na estabilização dos níveis de glicose no sangue, na melhoria do controle do peso e no aumento do bem-estar geral. Comer na ordem certa, priorizar alimentos ricos em fibras e combinar carboidratos com proteínas e gorduras são estratégias práticas que podem ser facilmente integradas ao dia a dia. Ao seguir essas orientações e exemplos práticos de refeições, é possível promover uma alimentação mais saudável e equilibrada. No entanto, essas são apenas sugestões mais imediatas para que você possa começar a mudar seus hábitos ainda hoje, no entanto, não substituem uma consulta ao seu médico endocrinologista nem as recomendações profissionais de um nutricionista, que podem fazer uma avaliação mais específica e personalizada das suas necessidades e estabelecer um plano mais completo e adequado aos seus objetivos.

No próximo capítulo, discutiremos como definir metas reais pode ajudar você a alcançar e manter essas mudanças de forma eficaz e sustentável, estabelecendo objetivos específicos, mensuráveis, alcançáveis, relevantes e com prazo definido para otimizar sua jornada rumo a uma vida mais saudável.

Capítulo 19

Metas Reais

Para que você saia da ilusão e consiga um resultado realmente alcançável, que possa ser mantido a longo prazo, a maneira mais simples, fácil e cientificamente comprovada de pensar em como atingir essa meta é através da técnica SMART. Mas o que significa a técnica SMART? Essa técnica consiste em estabelecer metas específicas, mensuráveis, alcançáveis, relevantes e com prazos definidos. Ao utilizar a técnica SMART, você define claramente o que deseja alcançar e como pretende fazer isso. É uma forma de implementar mudanças de maneira concreta e eficaz.

Vamos lá. Como já mencionado, ter boa vontade não é suficiente. É necessário um planejamento detalhado, e é aí que a meta SMART se torna fundamental. Por quê? Porque não adianta apenas desejar algo. É preciso agir. Por exemplo, se você deseja começar a fazer atividade física, é importante se perguntar: você já se matriculou na academia? Já definiu os horários em que vai se exercitar? Possui o equipamento adequado, como tênis e roupas confortáveis? Muitas vezes, as pessoas dizem que querem algo, mas ainda estão na fase de contemplação, sem dar os passos concretos para colocar o plano em prática.

A meta SMART é uma técnica que você pode aplicar facilmente e que permite tangibilizar suas metas, ou seja, transformá-las em ações concretas, definindo como você vai começar e como vai seguir adiante. Às vezes dizemos coisas como "*Quero comer mais frutas*", mas o que exatamente estamos planejando? Qual é a intenção por trás disso? Já fomos ao mercado comprar frutas? Pensamos em receitas para começar a fazer algo? Se não, estamos apenas contemplando, ainda presos na ilusão, sem realmente colocar nosso plano em prática. Portanto, o SMART serve para nos tirar dessa fase de contemplação e nos impulsionar para a ação.

O SMART é um acrônimo em inglês, no qual o "S" representa "específico" (em inglês, *specific*), em tradução livre. Quando definimos uma meta, ela precisa ser clara e específica. Por exemplo, vamos considerar a meta de iniciar uma atividade física. Aplicando o "S" do SMART: uma meta específica seria "caminhar". Já o "M", mensurável, significa que precisamos ser capazes de medir nosso progresso. Assim, vamos estabelecer que iremos caminhar por 20 minutos, três vezes por semana. Isso evita que a meta fique vaga ou indefinida, tornando nossos objetivos tangíveis. Escreva um plano e o siga de forma consistente.

O "A" significa alcançável. A ideia é que a meta seja adaptada à nossa realidade e passível de realização. Se eu não tenho 20 minutos para fazer atividade física, se não consigo dedicar esse tempo para uma caminhada, então essa meta não será alcançável. Portanto, preciso definir algo que eu possa realizar e para o qual eu realmente tenha tempo disponível. Se tenho disponibilidade para dedicar 20 minutos, três vezes por semana, então sim, essa meta é alcançável.

O "R" é de relevância. Não adianta investir tempo, dinheiro e esforço em algo que não terá impacto relevante no meu dia a dia ou que não será importante para mim. Por exemplo, se já consumo uma quantidade adequada de verduras, aumentar ainda mais não será relevante. A relevância está em mudanças que trarão benefícios reais, como iniciar uma atividade física se atualmente não pratico nenhuma. Precisamos avaliar o benefício que a mudança trará.

Quanto ao aspecto temporal, representado pelo "T", é importante determinar por quanto tempo a meta será executada. Ao estabelecer um período definido para a realização, podemos avaliar o impacto da mudança nas nossas vidas e os benefícios que obtivemos. Você pode anotar ou gravar algo como: "Antes, eu sofria de insônia, meu intestino não funcionava bem e me sentia desanimada, sem energia. No entanto, desde que comecei a caminhar 20 minutos, três vezes por semana, durante um mês, percebi uma melhora enorme. Agora, tenho mais energia, estou mais disposta e até emagreci, como demonstram minhas roupas mais folgadas."

É extremamente importante anotar essas mudanças! Não guarde todas essas informações apenas na mente, pois nossa memória pode nos trair e há muitas coisas para lembrar. Portanto, recomendo manter um diário e registrar tudo o que for relevante para você. Identifique o que você precisa melhorar hoje e por quê. Saia da ilusão de apenas planejar e realmente inicie ações concretas que o levarão do ponto A ao ponto B, saindo da inércia e movimentando-se em direção aos seus objetivos.

Atividade Prática: Definindo Sua Meta SMART de Emagrecimento ou Saúde

Para ajudá-la a alcançar suas metas de emagrecimento ou saúde, vamos utilizar a técnica SMART. Complete os campos abaixo com suas informações e objetivos específicos.

Meta SMART

S - Específica:

O que você deseja alcançar? (Exemplo: Quero perder peso.)

____

Qual é a meta específica? (Exemplo: Quero perder 5 kg.)

____

M - Mensurável:

Como você vai medir seu progresso? (Exemplo: Vou me pesar toda segunda-feira de manhã.)

____

Qual é o indicador de sucesso? (Exemplo: Perder 0,5 kg por semana.)

____

A - Alcançável:

Essa meta é realista para você? (Exemplo: Sim, tenho tempo para me exercitar e fazer mudanças na dieta.)

Quais recursos ou habilidades você precisa? (Exemplo: Preciso de um plano de exercícios e de uma lista de compras saudável.)

R - Relevante:

Por que essa meta é importante para você? (Exemplo: Quero melhorar minha saúde e ter mais energia para brincar com meus filhos.)

Como essa meta se alinha com seus outros objetivos? (Exemplo: Está alinhada com meu objetivo de levar um estilo de vida mais saudável.)

T - Temporal:

Qual é o prazo para alcançar essa meta? (Exemplo: Em 10 semanas.)

Quais são as etapas intermediárias? (Exemplo: Perder 1 kg nas primeiras duas semanas, 3 kg nas seis semanas seguintes, e os últimos 1 kg nas duas semanas finais.)

Preenchimento da Meta SMART (juntando as peças):

Específica:

- Desejo alcançar: ___________________________________

- Meta específica: ___________________________________

Mensurável:

- Progresso medido como: ____________________________

- Indicador de sucesso: ______________________________

Alcançável:

- Meta é realista? ___________________________________

- Recursos ou habilidades necessárias: _______________

Relevante:

- Importância da meta: _______________________________

- Alinhamento com outros objetivos: __________________

Temporal:

- Prazo para alcançar a meta: _________________________

- Etapas intermediárias: ______________________________

Reflexão Final

1. Descreva brevemente como você se sente ao definir esta meta SMART e quais serão os primeiros passos que você tomará para começar a trabalhar nela.

____

____

____

2. Como você planeja manter-se motivada e responsável ao longo do tempo?

____

____

____

Parabéns! Você já tem a sua meta muito bem definida. Agora, revisite e ajuste conforme necessário para garantir que você está no caminho certo para alcançar seus objetivos de emagrecimento ou saúde.

Neste capítulo, abordamos a importância de definir metas reais e alcançáveis para obter resultados sustentáveis a longo prazo. A técnica SMART foi destacada como uma maneira eficaz de transformar desejos em ações concretas.

Ao estabelecer metas específicas, mensuráveis, alcançáveis, relevantes e com prazos definidos, é possível criar um plano detalhado para atingir seus objetivos de emagrecimento ou saúde. A ênfase foi colocada na necessidade de sair da fase de contemplação e realmente começar a agir, planejando e implementando mudanças práticas em sua rotina.

Compreender e aplicar a técnica SMART é um passo fundamental para alcançar suas metas de emagrecimento ou saúde. No entanto, a jornada não termina aqui. Manter-se comprometida com seus objetivos requer mais do que um bom plano; é preciso autoconfiança para enfrentar desafios e continuar avançando.

No próximo capítulo, discutiremos estratégias para desenvolver e fortalecer sua autoconfiança, garantindo que você permaneça motivada e dedicada ao seu processo de transformação. Acredite em si mesma e esteja preparada para descobrir como a autoconfiança pode ser a chave para manter seu progresso e alcançar seus objetivos.

Capítulo 20

O Poder da Autoconfiança

Nesta próxima etapa, temos um quadro que irá avaliar sua autoconfiança neste processo. Sei que você pode estar começando agora e não se sentir tão confiante assim. Portanto, este é um ótimo termômetro para você avaliar agora e, mais adiante, reavaliar a si mesmo depois de toda a jornada.

De 0 a 10, quanto você é capaz de ______________________

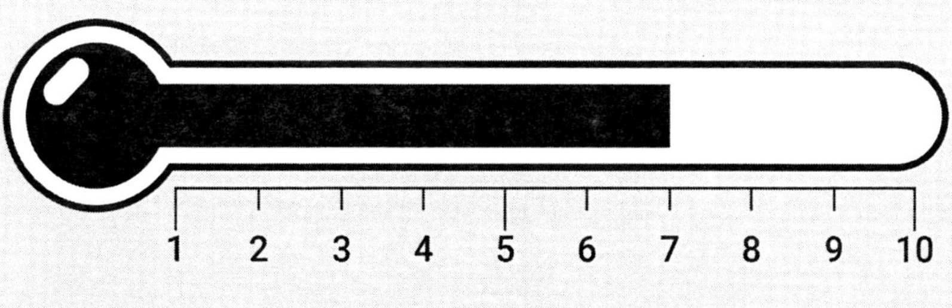

Por quê _____ e não 10? Por quê _____ e não 0?

De 0 a 10, quanto você se sente capaz de fazer atividade física? Vamos considerar um exemplo. Você responde:

— Sinto que é 7.

— Por que 7 e não 10?

— Porque não tenho com quem deixar meu filho, preciso me organizar, preciso ter mais tempo, hoje não entra na minha rotina...

— Tudo bem, você vai pensar sobre isso. Mas, também, por que 7 e não 0?

— Porque me sinto capaz. Se eu conseguir manejar a minha logística, sei que posso. Já tentei fazer atividade física antes e me senti muito bem.

Mesmo que não consiga ir para uma academia neste momento, pode ligar um vídeo em casa e dançar por 10 minutos, ou dar duas voltas na quadra? Isso já vai reforçar sua mudança, impulsionando você no sentido positivo e mostrando que realmente deseja mudar. Talvez sua confiança não esteja em 10, mas também não está tão baixa quanto 0. Sabendo de tudo isso, o que você pode fazer a partir de agora para colocar em prática essa mudança?

____

____

____

Durante o processo, você vai perceber que sua autoconfiança vai aumentando, talvez para um 7, 8, 9, até mesmo 10. Isso é aplicável a tudo, seja reduzir o consumo de doces, começar uma atividade física ou incluir mais frutas e verduras na sua alimentação. Foque no que você se sente capaz e faz sentido para você no momento.

O processo de emagrecimento também significa redescobrir seu potencial, reavaliar suas capacidades e aprender a confiar em si mesmo e nas escolhas que faz pelo seu bem-estar. Claro, lembramos que o progresso não é linear e que cada pequeno passo conta. Suas ações hoje são fundamentais para construir a confiança que você terá amanhã. Cada decisão consciente, seja escolher uma opção de refeição mais saudável, dedicar-se a uma rápida sessão de exercícios em casa, ou simplesmente reconhecer e celebrar suas conquistas, são passos importantes em sua trajetória. Não os menospreze. Escreva sobre seus progressos, seja marcando um ok nos dias que fez atividade física por exemplo e constatar ao final do mês que você conseguiu praticar mais da metade do mês, ou também, para ajustar as expectativas, se praticou apenas 5 dias de 30, não podemos esperar um resultado espetacular, ajuste sua régua, analise os erros x acertos, e ajuste a rota. Se falhar, você nunca voltará para o zero, sempre partirá de um ponto com experiência adquirida.

Quando enfrentar dificuldades, o que com certeza irá acontecer, lembre-se do motivo pelo qual começou e do que já conseguiu superar. Permita-se sentir orgulho de cada progresso, independentemente do tamanho.

Conforme você avança, sua autoconfiança, que talvez tenha começado em um modesto 7, irá, sem dúvidas, aproximar-se do 10. Esse número simboliza sua capacidade de adotar hábitos mais saudáveis e sua crescente crença em sua própria força e determinação.

Espero que você continue a utilizar as ferramentas e reflexões apresentadas neste livro como um guia e uma fonte de inspiração. Revisite os exercícios e quadros de autoavaliação periodicamente para acompanhar seu crescimento e ajustar suas metas conforme necessário.

O processo de emagrecimento e busca por estilo de vida mais saudável é profundamente pessoal e único para cada um. Sua trajetória será diferente de todas as outras, e é exatamente isso que a torna tão especial. Continue caminhando com confiança, paciência e positividade, sabendo que cada passo o aproxima da versão mais saudável e feliz de si mesmo.

Lembre-se: a confiança começa com a crença em sua própria capacidade de mudança. E, ao virar esta página, saiba que você está mais do que pronta para fazer desse sonho uma realidade em sua vida.

Considerações Finais

Parabéns por chegar até aqui! Você acaba de concluir uma jornada repleta de informações, reflexões e estratégias que podem transformar sua vida. Este livro foi criado para ser mais do que um manual de orientação; ele é um guia prático e inspirador para você adotar um estilo de vida mais saudável, equilibrado e consciente.

Agora, você possui as ferramentas e o conhecimento necessário para fazer mudanças significativas em sua vida. Cada capítulo foi desenhado para abordar aspectos fundamentais da saúde e do bem-estar, fornecendo um caminho claro e motivador para alcançar seus objetivos.

Lembre-se de que cada pequeno passo conta. Não se subestime! O progresso não é linear e os desafios são inevitáveis, mas cada esforço que você faz é uma vitória. Adote a mentalidade de que cada escolha saudável é um investimento em você mesmo, em sua saúde e em seu futuro. Não se deixe abater por obstáculos temporários; em vez disso, veja-os como oportunidades para aprender e crescer.

Persistência é a chave. Haverá dias difíceis e momentos de dúvida, mas mantenha-se firme. Relembre-se diariamente do porquê você começou essa jornada e dos benefícios que já está começando a sentir. Seu corpo, sua mente e seu espírito estão se fortalecendo a cada passo. Confie no processo e em si mesmo.

Celebre cada conquista, por menor que pareça. Cada vez que você escolhe uma refeição saudável, cada vez que você se exercita, cada vez que você resiste a uma tentação – são momentos que merecem ser reconhecidos e comemorados. Essas pequenas vitórias são os blocos de construção de sua nova vida.

Não hesite em buscar suporte quando precisar. Compartilhe suas metas e desafios com amigos, familiares ou com uma comunidade que esteja passando pela mesma jornada. O apoio mútuo é uma poderosa fonte de motivação e encorajamento.

Revisite os exercícios e quadros de autoavaliação periodicamente. Avalie seu progresso, ajuste suas metas e celebre seu crescimento. Lembre-se de que o processo de emagrecimento e a busca por um estilo de vida saudável são dinâmicos e sempre em evolução.

Acredite na sua capacidade de mudança. Você já deu um passo enorme ao buscar conhecimento e se comprometer com sua saúde. Continue avançando com confiança, paciência e positividade. Você está mais do que preparada para fazer dessa visão uma realidade em sua vida.

A jornada para uma vida mais saudável é longa, mas extremamente recompensadora. Estou confiante de que você tem a determinação e a resiliência necessárias para atingir seus objetivos. Eu acredito em você, e estou torcendo pelo seu sucesso.

Lembre-se: cada pequena ação soma-se a um grande impacto. Você está no caminho certo. Continue firme, motivada e focada. O futuro saudável e feliz que você deseja está ao seu alcance.

Vá em frente e brilhe, sabendo que você possui a força para transformar sua vida. Você pode, você consegue, e você merece! Estou torcendo por você em cada passo do caminho, e saiba que estou sempre à disposição para apoiá-la e inspirá-la em seu percurso. Não hesite em me procurar através das redes sociais para compartilhar suas conquistas, suas dúvidas ou simplesmente para dizer olá.

Vou adorar saber o que te motiva, ou se após o livro você teve algum insight, ou percebeu algo novo e animador na sua rotina, estou aqui para celebrar cada vitória, oferecer encorajamento quando precisar e continuar fornecendo orientações práticas para manter seu progresso no caminho certo.

Vou deixar seguir uma das minhas redes sociais para que você possa me mandar uma mensagem, seja para deixar um comentário sobre o livro, seja para tirar uma eventual dúvida.

Parabéns por ter chegado até aqui e guarde sempre em sua mente que o importante é você ter saúde para estar ao lado das pessoas que ama pelo maior tempo possível e para conquistar os seus sonhos.

Dra. Thais Mussi

EDITORA
SAVI

Site: www.editorasavi.com.br

e-mail: contato@editorasavi.com.br